K뷰티 트렌드

[일러두기]

'소비트렌드분석센터'가 올리브영을 비롯한 뷰티 업계 인사들의 인터뷰와 자료조사를 토대로 내용을 구성했습니다. 해당 자료들은 저작권자에게 귀속되므로, 무단 복제를 금합니다.

인터뷰 리스트 (각 분야별 가나다순)

· 뷰티사: 닥터지, 라운드랩, 로레알, 롬앤, 아누아, 아모레퍼시픽, 아이소이, 코스알엑스, 클리오, 토리든, CMS랩, LG생활건강
· 제조사: 코스맥스, 한국콜마
· 유통: 올리브영, 현대면세점
· 인플루언서: 레오제이, 조효진
· 협회(대한화장품협회), 전 틱톡·구글 매니저(안정기), 피부과전문의(윤성은 원장), 뷰티컨설턴트(이계연)

· 본 리서치 프로젝트는 올리브영의 지원을 받아 진행되었습니다.

트렌드코리아 리서치 시리즈

K뷰티 트렌드

모든 산업이 배워야 할 혁신 DNA

김난도 | 전미영 | 최지혜 | 서유현 | 권정윤 | 한다혜 | 이혜원 | 김나은

미래의창

서문

결국 트렌드

질문: '예쁘다 Yepoda', '화랑 Hwarang', '퓨어서울 Pure Seoul'의 공통점은?
힌트: 화장품과 관계 있다.

"지금 외국에서 잘 나가는 한국 화장품 브랜드"라고 대답했다면, 틀렸다. '예쁘다'는 독일의, '화랑'은 핀란드의 화장품 브랜드이고, '퓨어서울'은 영국에서 한국 화장품만 전문으로 유통하는 영국업체다. 그렇다면 정답은, 'K뷰티를 지향하는 유럽 화장품 브랜드'이다.

재미있지 않은가? 화장품 산업의 종주라고 할 수 있는, 나아가 문화적 자부심 높기로 유명한 유럽에서 한글로 브랜드 이름을 짓고 있다. 그만큼 K뷰티의 위상이 높아지고 있다는 방증이다. 실적도 뒷받침되고 있다. 미국과 일본에서 가장 화장품을 많이 수입한 나라는 한국이다. 2024년 미국 수입 화장품 시장 점유율을 보면 한국이 전체 수입의 22.1%를 차지하며, 16.7%인 2위 프랑스를 큰 차이로 따돌리고 가뿐하게 1위를 차지했다. 일본에서도 마찬가지다. 일본 수입 화장품 시장에서 우리나라는 2022년 이후 계속 1위를 차지하고 있다. 화장품 시장이 가장 크고 가장 앞서 있다는 미국과 일본에서 우리 화장품이 1등이란다. 대한민국 정책브리핑에 따르면, 전 세계 화장품 수출국 순위에서도 대한민국은 프랑스, 미국에 이어 3위다. 전 세계적으로 화장품 시장은 정체하고 있는데, 한국만 연 20%대의 성장을 기록하고 있다. 오롯이 우리가 잘해서 이뤄낸 성과다.

요즘 K뷰티가 잘 나간다고 듣기는 했지만, 이 정도인 줄은 몰랐다. 2024년 한국 화장품의 수출 총액은 102억 달러로, 드디어 100억 달러를 넘었다. 2023년 기준 '생산액 대비 수출 비율'은 76%다. 생산량의 3/4을 수출한다는 뜻이다. 이러한 성과는 삼성·현대 같은 거대 기업이 아니라, 크고 작은 중견·중소 기업들이 함께 이뤄낸 성적이라는 점에서 더욱 대단하다. 어느 날 고개 들어보니 K뷰티가 하늘 높이 떠올라 있다. 정말 놀랍지 않은가?

화장품은 수출이 어려운 상품이다. 약품과 같은 맥락에서 규제하는 나라가 많고, 인허가에 시간과 비용이 많이 들어서 그 장벽이 무척 높다. 단지 가성비만 좋아서도 안 된다. 제품과 브랜드의 문화적 후광이 중요하고, 그래서 마케팅이 쉽지 않다. 우리 화장품 기업들이 이런 한계를 극복하고 세계 시장을 넓혀가고 있다는 점이 고무적이다.

이처럼 세계를 놀라게 한 K뷰티의 성장은 어떻게 가능했을까? 이러한 약진에는 어떤 비결이 숨어 있을까? 이 질문에는 단지 호기심 이상의 의미가 담겨 있다. K뷰티의 성공 DNA를 추출하는 작업은 현대 비즈니스의 본질을 파악할 수 있게 하기 때문이다. 여기서 한 걸음 더 나아가 그 힘을 다른 산업에 적용시킬 수 있다면, 우리의 글로벌 경쟁력을 한층 업그레이드시킬 것이다.

K뷰티의 성공 요인을 "요즘 K팝과 K드라마 등 한류가 인기라서 한국 화장품도 덩달아 잘 팔리는 것"이라고 해석하는 것은 안이하다. K콘텐츠가 인기 있는 나라와 K뷰티가 잘나가는 나라가 정확히 일치하지는 않기 때문이다. K콘텐츠의 인기가 일종의 플러스 요소가 될 수는 있겠지만 본질적인 원인은 아니다. 한 상품을 아우르는 기획 - 제조 - 생산 - 마케팅 - 유통의 전체적인 가치사슬 value-chain이 함께 맞아 돌아갈 때, 비로소 산업적인 성공이 가능하다. 이 책에서는 화장품 산업 생태계 전체의 '공진화 coevolution'를 총체적으로 조명하고자 한다. 다시 말해 까다롭고 현명한 소비자들

로 가득한 한국 화장품 시장에서 단련되어온 인디 브랜드사와 고품질의 제품을 빠르게 만들어주는 ODM 제조사 그리고 올리브영과 같은 유통사가 함께 '상생'하며 진화해온 과정을 종합적으로 고려하고자 한다.

먼저 여러 중소 화장품 브랜드사의 역할이 컸다. 코스알엑스·아이소이·닥터지·클리오·아누아·토리든·라운드랩·롬앤·조선미녀·CMS랩 등 국내 소비자에게는 생소할 수도 있는 인디 브랜드들이 해외 시장에서 활약하고 있다. 이들은 남다른 감각으로 시장 변화에 속도감 있게 대응해 다양하고 새로운 상품을 기획하고 마케팅함으로써 폭발적인 성장을 이뤄내고 있다.

또 다른 공신은 화장품 전문 제조사들이다. 인디 브랜드의 기획력을 뒷받침하는 빠르고 수준 높은 생산 기반도 언급하지 않을 수 없다. 흔히 OEM·ODM이라고 불리는 제조사들은 각 브랜드사가 기획한 상품을 위탁 생산해 준다. 화장품은 소비자의 피부건강과 직결되기 때문에 제조가 까다롭고 규제도 많다. 품질에 대한 소비자의 신뢰도 중요하다. 그런데 코스맥스나 한국콜마와 같은 전문 제조사들이 막강한 연구개발 역량을 앞세우며, 믿을 수 있는 상품을 신속하게 제조함에 따라, 한국의 작은 브랜드 회사들이 이런 한계를 극복하고 기획과 마케팅에 집중할 수 있었다. 2024년 한국 ODM의 양대 산맥이라고 할 수 있는 코스맥스와 한국콜마 모두 연 매출 2조 원을 돌파했다.

화장품 브랜드사와 ODM 제조사에 더해, K뷰티 생태계에서 빼놓을 수 없는 숨은 요인이 하나 더 있다. 바로 유통이다. 아무리 제품력이 좋아도 유통 플랫폼이 뒷받침되지 않으면, 소비자에게 다가가기 어렵기 때문이다. 좋은 제품이 유통의 손을 잡고 매대에 오를 때 비로소 성공을 거둘 수 있다.

이번 연구를 통해 우리는 K뷰티 중소 기업의 세계적 약진에 특별한 요인이 숨어 있음을 발견했다. 바로 '올리브영'의 존재다. 올리브영이 등장하기 전까지 한국 화장품은 주로 백화점·마트·원브랜드숍(한 회사에 속한 브랜드만 판매하는 매장) 혹은 방문 판매를 통해 판매됐다. 모두 작은 중소 기업이 뚫고 들어가기 어려운 채널이다. 하지만 올리브영이 등장하면서 드디어 중소 화장품 회사에게도 기회가 주어졌다.

단지 판로가 생겼다는 의미뿐만은 아니다. 후술하는 것처럼 올리브영은 작은 인디 브랜드들이 시장에 선을 보일 수 있는 채널을 제공하는 데 그치지 않고, 브랜드의 정체성을 함께 고민하고 육성하고 지원했다. K뷰티 생태계가 번성할 수 있는 '상생의 허브' 역할을 했던 것이다. 본서에서는 이 점에 대해 다소 자세히 설명해보고자 한다. 최근 유통 트렌드가 격변하면서, 대응에 어려움을 겪는 유통 업계에 던지는 시사점이 적지 않기 때문이다.

올리브영은 컨설턴트다. 시시각각으로 변화하는 소비자 트렌드 변화에 맞춰 미술관의 학예사들이 전시를 큐레이션하듯이, 브랜드사와 함께 상품을 기획한다. 단순히 납품받은 상품을 진열하는 데 그치지 않고, 매일 소비자를 만나며 얻은 인사이트를 브랜드사에 전달해 새로운 제품을 만들어낼 수 있도록 조언하고 코칭한다. 작은 회사들은 대체로 발 빠르게 소비자 트렌드를 파악하고 그에 대응하는 기획·마케팅·유통 역량이 부족한 경우가 많다. 그런데 올리브영이 이 빈 공간을 메워주면서 한국의 중소 화장품 회사들이 글로벌 진출을 도모할 수 있는 역량을 갖추게 됐다는 것이다. 그런 면에서 올리브영은 단지 상품을 소싱sourcing받는 유통 채널이 아니라, 어떤 성분·제형·기능을 제안할 수 있을지를 함께 고민하는 컨설턴트다.

올리브영은 잡지다. 우리는 잡지를 보며 새로 나온 상품의 정보를 얻고 구매를 결정한다. 올리브영은 단순한 유통 채널로서만이 아니라 글로벌 진출을 위한 잡지, 즉 마케팅 미디어의 역할도 수행한다. 미국의 아마존이나 일본의 라쿠텐에 입점할 때, 해당 브랜드가 올리브영에서 판매되는지, 몇 번째 매대에 진열돼 있는지, 실적을 얼마나 올렸는지가 중요한 기준이 된다고 한다. 올리브영에 입점하고 성공했다는 것이 글로벌한 보증의 역할을 함으로써, 작은 브랜드들이 세계시장에 진출할 수 있는 일종의 면허를 얻을 수 있었던 것이다. K뷰티의 글로벌한 성공에 올리브영의 역할이 단지 유통 채널에 머무르지 않음을 알 수 있다.

올리브영은 사관학교다. 이름 없는 중소 브랜드로 출발해 올리브영을 발판 삼아 세계 무대로 도약하고, 글로벌 인기 화장품 반열에 오른 브랜드가 부지기수다. 올리브영이 내놓은 혁신 매장인 '올리브영N 성수' 5층에는 '100억 브랜드 로드'라는 특별한 조형물이 있다. 올리브영에서 100억 매출을 올린 브랜드 이름을 새겨 놓은 일종의 명예의 전당이다. 올리브영에 입점한 8,000여 개 브랜드 중에서 100개 정도가 그 이름을 올렸고, 그 숫자는 계속 늘어나는 중이다. 이 조형물은 올리브영은 단지 진열 공간을 마련해주는 것에 그치지 않고, 기획사가 소속 연예인을 키우고 지원하듯, 납품하는 회사와 함께 성장하며 브랜드를 키워온 상생의 역사를 잘 보여준다.

▲▲▲

요약하면 K뷰티는 세 마리 말이 이끄는 삼두마차다. ① 아모레퍼시픽 같은 전통적인 화장품 대기업과 아누아와 라운드랩 같은 인디 브랜드 회사 ② 한국콜마와 코스맥스를 필두로 한 ODM 생산 회사 ③ 글로벌 유통 전쟁에서 야전 사령관 역할을 자임한 올리브영의 역할이 어우러져 K뷰티의 약진이 가능했다.

자, 이제 이 삼두마차의 열정이 어떻게 시너지를 내며 K뷰티 성공의 DNA를 만들어냈는지 요인별로 정리해보자. 다시 강조하지만 이 작업은 단지 K뷰티의 성공 사례 분석에 그치는 것이 아니라, 현대 산업의 본질적 변화와 그 대응에 대한 함의점을 이끌어낼 수 있다. 이 시사점을 잘 적용할 수 있는 비즈니스는 K뷰티와 같은 글로벌한 성공에 닿을 수 있을 것이다.

K뷰티 DNA의 첫째 요소는 기획력이다. 한국 브랜드는 데이터를 바탕으로 고객의 목소리 VOC, Voice of Customer를 빠르고 정확하게 상품 기획으로 반영하는 데 탁월한 능력을 보인다. 그동안 회사 기획부서 회의실에서 시작되던 기획 과정을, 소비자의 니즈에서 출발하는 과정으로 바꾼 역기획 Reverse Engineering을 통해, 동시대 소비자가 요구하는 '바로 그 제품'을 만들어내는 데 성공했다. 나아가 새로운 테마를 기획해 소비자에게 제안하기도 한다. 하나의 루틴이나 카테고리를 만들어내는 것이다. 매일 선크림 바르기 운동이나 '1일 1팩(하루에 마스크팩 한 번씩 하기)'을 제안하거나, 쿠션이 뜨면 리무버 카테고리를 새롭게 만들어내는 것이 좋은 예다.

두 번째는 속도력이다. 신유통을 타고 가속화하는 K뷰티의 속도는 눈부시게 빠르다. 한국인의 유전자에는 "빨리빨리" 정신이 깊이 각인돼 있는지도 모른다. 급변하는 트렌드에 맞춰 새로운 제품을 제안하고 확장하는 속도가 세계에서 제일 빠르다. 예를 들어, 어성초 성분의 로션이 뜨면 이것을 곧바로 팩으로 선크림으로 리무버로 확장해 신속하게 제안하는데, 그 속도가 세계 어느 회사도 따라올 수 없을 정도다. 하나의 제품을 기획해서 제조하고 매대에 올려놓을 때까지 걸리는 시간을 '리드타임 Lead Time'이라고 하는데, 글로벌 유명회사들이 1년 이상 걸리는 반면, 한국 회사들은 짧으면 3개월에도 이 작업을 해낸다. 이러한 속도력은 유통에서 특히 빛을 발한다. 올리브영은 한 달에 한 번 이상 매장 진열을 바꿔 고객들이 자주 방문하도록 유도하고, 전국 매장을 도심형 물류 거점으로 활용해 3시간 안에 고객에게 배송이 가능한 '퀵커머스'를 실현해냈다.

세 번째는 주도력이다. 20대 젊은 MD들로부터 나오는 오너십과 전문성을 바탕으로 한 조직의 힘이 K뷰티 신화를 견인했다. 어떤 성공이든 그 근원을 따지고 들어가다보면 결국 조직과 사람의 힘에 닿는다. 올리브영과 브랜드사의 원동력 역시 이 젊은 직원들이 주도적으로 이끌고 가는 의사결정력이었다. 타깃 고객의 눈높이에 맞춘 20대 조직 구성원들이 스스로 "내가 회사의 대표"라는 오너십을 갖고, 끊임없이 변화하는 트렌드에 맞춰 학습하고 성장하면서, 전례 없던 고객지향적 기획력과 속도력을 발휘한 것이다. 이러한 주도력은 철저한 권한의 위임이 이뤄지는 바텀업Bottom-up의 조직 문화, 이슈 중심으로 자유롭게 합종연횡할 수 있는 유연한 조직 구조여야 가능하다. 주도력은 '강한 자가 아니라 빠른 자가 이긴다'는 현대 경제의 핵심적인 경쟁 요소다.

네 번째는 대응력이다. 플랫폼에 따라 전술을 달리하는 것이다. 산리오부터 틱톡까지 새롭게 등장하는 콘텐츠와 플랫폼 특성에 거의 실시간으로 대응해냈다. 클리오는 유통 플랫폼마다 제품을 다르게 제작해 내놓는다. 제품뿐만이 아니다. 마케팅 역시 플랫폼에 맞춰 특화돼야 한다. 전술한 바와 같이 온라인이 화장품 쇼핑의 주요 채널로 자리 잡으면서 틱톡이나 유튜브 같은 플랫폼이 매우 중요한 마케팅 매체로 떠올랐다. 온라인 마케팅은 기존의 마케팅과 완전히 다르다. 전 세계의 젊은 소비자에게 큰 영향력을 발휘하는 인플루언서를 적극 활용하는 '시딩Seeding'에 공을 들인다. 짧은 동영상으로 전후 대비의 극적효과가 잘 드러나는 틱톡에서는 단지 멋진 분위기가 아니라 확실한 '전후 대비Before-and-after'를 보여줌으로써, 보는 재미와 참여하는 챌린지의 효과를 극대화했다. 소위 '틱톡커블 콘텐츠'에 특화된 마케팅을 펼친 것이다. 이러한 미디어 대응력은 최근 SNS 플랫폼들이 콘텐츠 안에서 바로 구매를 가능하게 하는 '콘텐츠 커머스'를 경쟁적으로 전개하며 더욱 중요해지고 있다. K뷰티의 성공은 변화를 주저하지 않는 한국의 뛰어난 대응력이 만들어낸 결과라고 해도 과언이 아니다.

다섯 번째는 인프라·투자·노력의 삼위일체가 만들어낸 상품력이다. 아무리 소비자 지향 기획과 플랫폼 대응 마케팅이 눈부신 속도로 이뤄지더라도, 상품력이 뒷받침되지 않으면 반짝 유행에 그치고 말 것이다. 우수한 품질의 상품을 합리적인 가격으로 제안할 수 있는 상품력이야말로 한국 화장품의 주요 경쟁력 중 하나다. 한국 제품들은 성분이 새롭고 우수하다. 안전하고 순하면서도 효능이 확실하다. 제형도 지속적으로 개선이 돼서 발림성과 밀착감이 탁월하다. 그러면서도 비싸지 않아 쉽게 다가설 수 있다. 과거의 가성비가 '적당한 품질에 저렴한 가격'을 의미했다면, K뷰티의 가성비는 '압도적 품질에 합리적 가격'을 자랑한다. 이러한 상품력은 막강한 연구개발과 생산역량을 갖춘 한국콜마나 코스맥스 같은 ODM 제조전문회사들이 뒤를 받쳐주고 있기 때문에 가능했다. 한국의 크고 작은 ODM사 들은 R&D-성분-제조-포장-마케팅에 이르기까지, 화장품 생산의 A에서 Z를 '원스톱'으로 해결해줄 수 있는 역량을 갖춤으로써, 전술한 브랜드사의 기획과 마케팅 아이디어에 날개를 달아줬다. 브랜드사 역시 품질관리Quality Control에 만전을 기하며 피나는 노력을 게을리하지 않았으며, 규제 기관·학계·의료계를 아우르는 생태계 전반의 노력이 어우러져 전 세계에서 유례를 찾아볼 수 없는 '프리미엄 가성비'를 가능하게 했다.

마지막으로 간과할 수 없는 것이 덕후력, 한국의 까다롭고 현명한 소비자들의 힘이다. K뷰티 시장의 숨은 설계자는 결국 고객인 것이다. 한국 화장품계의 '붉은 악마'랄까? 섬세하고 까다로운 한국 소비자에 맞추다 보니, 한국 화장품 생태계가 자신도 모르는 사이에 이렇게 성장할 수 있었다. 화장품에 있어서만큼은 높은 전문성과 관여도를 갖춘 '코덕(코스메틱 덕후)'들의 덕후력이야말로, K뷰티를 쏘아올린 핵심 추진력이었다. 한국 소비자들의 화장 루틴은 매우 세분화돼 있다. 외국에서는 로션 하나 바르고 말 것을, 한국에서는 클렌저로 지우는 것에서 시작해 스킨-로션-크림 등 세부적이고 체계적인 단계를 거친다. 필요하면 자신에게 맞춰 '커스터마이징Customizing'하는 것도 마다하지 않는다. 또한 까다로운 한국 소비자들은 제품 뒷면에 깨알같이 적혀 있는 성분명을 일일이 확인하는 것도 모자라, '화해' 같은 성분 확인 어플리케이션을 적극 활용한다. 이렇게 까다롭지만, 일단 괜찮다고 생각되면 자진해서 입소문도 열심히 낸다. 한국인의 소비자 역량Consumer Literacy은 가히 세계 최고 수준이다. 이런 소비자들에게 매일매일 단련된 한국 기업들이 세계 시장에서도 경쟁력을 발휘하는 것은 어쩌면 당연한 일이다.

지금까지 설명한 여섯 가지 요소, 기획력·속도력·주도력·대응력·상품력·덕후력을 한 마디로 요약한다면 어떻게 표현할 수 있을까? 결국 급변하는 현대 산업의 트렌드에 신속하고 적극적으로 대응할 수 있는 역량, 즉 '트렌드 대응력'이 성패를 갈랐다고 결론 지을 수 있다. 그렇다. 결국 트렌드다.

▲▲▲

지금까지 30권 넘는 책을 써왔지만, 이 책처럼 많은 분들의 도움을 받은 책도 없었다. 현장에서 K뷰티의 지평을 넓히고 있는 여러 실무자와 전문가들의 인터뷰가 없었더라면 집필이 가능하지 않았을 것이다. 일찌감치 화장품 한류를 이끌었던 아모레퍼시픽과 LG생활건강, 한국을 대표하는 화장품 인디 브랜드 코스알엑스·아이소이·닥터지·클리오·아누아·토리든·라운드랩·롬앤·CMS랩, 한국의 대표 화장품 제조사 코스맥스와 한국콜마, 최근 K뷰티 브랜드를 적극적으로 인수하고 있는 로레알, 화장품 유통 시장 현황을 알려주신 현대면세점과 올리브영, 뷰티 산업 전반의 이해를 높이는 데 도움을 주신 틱톡·대한화장품협회·브랜뉴피부과의원, 조효진·레오제이 인플루언서, 이계연 뷰티 컨설턴트 등 수많은 전문가 여러분들이 황금 같은 시간을 쪼개 인터뷰에 응해주셨다. 오랜 경험에 나온 생생한 인사이트를 나눠주신 모든 분들께 깊이 감사드린다. 특히 올리브영에서는 성수동 특화 매장을 상세히 소개해주고 글로벌 시장 현황을

브리핑해주어, 산업의 이해를 한층 높일 수 있었다. 또한 뷰티 업계 전문가와의 인터뷰를 일부 주선하는 등 물심양면으로 지원해줬다. 지면을 빌려 감사드린다. 아울러 책의 출간을 허락해주시고 까다로운 편집 작업에 최선을 다해주신 미래의창 성의현 사장님과 직원 여러분께도 진심 어린 감사의 뜻을 전한다.

이 서문을 쓰고 있는 순간에도, 한국 경제가 침체하고 있다는 뉴스로 가득하다. 반도체·자동차·석유화학 등 우리나라의 전통적인 수출 품목들이 가성비를 앞세운 중국의 거센 도전에 직면하고 있다. 수출로 나라 발전을 이끌어온 대한민국의 고민이 깊다. 이런 상황에서 최근 화장품 산업의 약진은 새로운 희망의 빛을 보게 한다.

K푸드·K패션·K외식·K팝·K드라마·K웹툰·K문학·K스타트업·K모빌리티…. 최근 새로운 K의 약진이 눈부시다. 이 책에서 분석하고 있는 K뷰티의 성공 요인을, K라는 접두어를 달고 세계를 향해 달려가고 있는 다른 산업에도 적용할 수 있다면, 나아가 극심한 불경기로 어려움을 겪고 있는 다른 산업에 깨달음을 줄 수 있다면, 새로운 성장의 동력을 만들어낼 수 있을 것이다. 이러한 K산업은 최근 세계에서 가장 핫한 문화코드로 인식되고 있는 'K컬처'의 문화적 후광을 입고 있기에, 중국을 비롯한 다른 나라가 가성비만으로 따라올 수 없는 문화적 해자垓子를 두르고 있다.

대한민국 수출 역사에 새로운 장이 열리는 전환점이 기대되는 시점이다. K뷰티가 쏘아올린 희망의 불씨가 침체하는 대한민국 경제에 새로운 불길을 점화할 수 있기를 기원한다.

2025.8.
저자를 대표하여
김난도

차례

서문_ 결국 트렌드 ◦ 5

프롤로그_ 위기와 기회라는 씨줄과 날줄 ◦ 22

1. 기획력 : 브랜드가 받쳐 주고 올리브영이 키운다 ◦ 51

2. 속도력 : 신유통 타고 가속화하는 K뷰티 ◦ 83

3. 주도력 : 20대 MD로부터 나오는 새로운 K뷰티 트렌드 ◦ 111

4. 대응력 : 산리오부터 틱톡까지, 콘텐츠에 대응하라 ◦ 133

5. 상품력 : 인프라·투자·노력이 만든 글로벌 No.1 ◦ 171

6. 덕후력 : K뷰티의 숨은 설계자는 고객이다 ◦ 199

에필로그_ K뷰티가 선생이다 ◦ 232

주 ◦ 251

공저자 소개 ◦ 261

프롤로그

위기와 기회라는 씨줄과 날줄

너를 죽이지 못하는 것은 너를 더 강하게 만든다.
What doesn't kill you makes you stronger.

미국의 여가수 켈리 클락슨이 불러 2012년 빌보드차트 1위까지 차지했던 〈스트롱거Stronger〉에 나오는 가사다. 이는 원래 니체의 『우상의 황혼』에 나오는 말로, 죽일 듯이 달려들었던 위기도, 넘기고 나면 나를 한층 더 성장시키는 동력이 된다는 의미다. 어떠한 성공도 기회만으로 이뤄지지 않는다. 아름다운 직물이 씨줄과 날줄의 교직交織으로 짜이듯, 모든 성취는 위기와 기회가 함께 어우러지며 직조된다.

히트작의 탄생, 작은 브랜드의 확산 그리고 중소기업의 성장까지, 진정한 혁신은 늘 '불가능'과 '좌절'의 문턱에서 시작됐다. 기존의 방식을 더 이상 적용할 수 없는 위기의 순간에, 이전과는 다른 접근을 시도하며 혁신이 이루어진다. 언뜻 보기엔 실패처럼 보이지만, 시간이 흐른 뒤 돌아보면 그 실패가 오히려 다음으로 이어지는 성공의 씨앗이었음을 깨닫게 되는 것이다. 이러한 현상을 '위장된 축복A Blessing In Disguise'이라고 부르는데, 불운해 보이지만 실은 좋은 결과를 가져오는 상황을 일컫는다. 우리말로 전화위복轉禍爲福 혹은 새옹지마塞翁之馬라고 한다.

한국 뷰티 산업의 역사는, 바로 이런 역설 위에 쌓여 왔다. 경쟁력이 채 갖춰지지 않은 상태에서 막강한 해외 브랜드들에 매대를 내줘야 했던 시장 개방이라는 고비, 나라 경제 전체가 휘청거렸던 IMF 외환 위기라는 고비, 경직되고 엄격한 법 적용으로 유통의 다변화가 좌절된 규제로 인한 고비, 모처럼 열어젖혔던 중국 시장을 일순간에 얼어붙게 만들었던 사드THAAD 사태라는 고비, 전 세계인을 멈춰 세운 팬데믹이라는 고비…. 돌아보면 속수무책이었던 수많은 고비들을 극복하려는 새로운 시도들이 절묘하게 도약의 계기로 전환됐다. 절망을 희망의 계기로 바꾸려는 힘겨운 노력들이 오늘날 K뷰티의 성취를 쌓아왔다고 해도 과언이 아닙니다.

일본에 가면 잡화 천국 돈키호테에 한 번씩 가보듯 외국 관광객들이 한국에 오면 올리브영에 들르고, 맥주 마니아들이 독일의 옥토버페스트를 찾듯 세계의 뷰티 마니아들이 올리브영 페스타에 방문한다. 사람들은 K뷰티의 이 같은 급부상에 놀라지만, 이 성취는 어느날 갑자기 이뤄진 것이 아니다. 수많은 도전과 응전이 씨줄과 날줄처럼 촘촘히 얽히며 축적된 결과다. 지금의 K뷰티를 이해하는 첫 걸음으로 시계바늘을 1980년대로 돌려보자.

1988~1999, 세계에 눈 뜨다

1953년 전쟁이 끝난 한국은 황폐하기 그지없었다. 생필품조차 귀한 시절에 화장품은 사치였다. 먹고 살기도 힘든 시기에 외모에 신경을 쓴다는 것이 호사이던 시절이었다. 동네마다 작은 화장품 가게가 있었지만, 제품을 직접 경험해 보는 일은 쉽지 않았다. 진짜 화장품을 만날 수 있는 순간은 방문판매원이 집으로 찾아올 때였다.

"아모레 아줌마가 도착했다!"는 소식이 돌면, 동네 여성들은 속속 한 집에 모여들었다. 마룻바닥에 펼쳐진 각양각색의 병에 담긴 화장품을 만져보고 발라보며 이야기꽃을 피웠다. 마사지를 받으며 두런두런 이야기를 나누다 보면 몸의 피로는 물론 마음의 응어리까지 풀렸다. 이때의 화장품은 단순한 미용 도구를 넘어, 삼삼오오 모여 이야기를 나누고 사회적 연결망을 형성하는, 여성들만의 '사랑방'으로서의 역할도 했다.

이 당시 '예쁜 여성'의 이미지를 또렷이 전달해준 매체는 《향장香粧》이라는 얇은 잡지였다. 향장은 아모레퍼시픽이 고객에게 배포하는 소식지 형태의 잡지다. 《향장》은 1958년 《화장계》라는 이름으로 창간돼 1972년 개명한 후 지금까지 발행되고 있는, 한국에서 가장 오래된 뷰티 매거진이다. 당시부터 《향장》은 단순히 제품을 소개하는 홍보물이 아니라, 화장법과 계절별 패션 트렌드, 해외 뷰티 소식, 스타 인터뷰, 심지어 문학 작품까지 다룬 종합 문화지에 가까웠다. 잡지를 넘기면 아직 가보지 못한 세계의 향기가 코끝을 간질였고, 지금의 인스타그램이나 유튜브처럼 새로운 세상으로 통하는 창 역할을 했다. 1980년부터 컬러 TV가 보급되면서 사람들은 '색'에도 눈을 떴다. 다채로운 색을 입고 자신을 가꾸려는 마음들이 색조 화장품 시장의 성장으로 이어졌다. K뷰티의 여명은 그렇게 밝아오고 있었다.

88 서울올림픽, 시장 개방의 위기

1988년 개최된 서울올림픽은 한국 소비자가 글로벌 브랜드에 본격적으로 눈을 뜨게 된 전환점이었다. 공중화장실 등의 기초적 인프라는 물론, 신용카드 결제망 같은 소비 인프라도 이때 깔렸다. 전 세계에서 몰려든 체육인, 관광객과 함께 샤넬·랑콤·시세이도 같은 글로벌 뷰티 브랜드들도 속속 한국에 진출했다. 백화점 화장품 매대에 영어·프랑스어·일본어가 한글보다 자주 보였다. 1980년대의 고속 경제 성장과 여성의 사회 진출 확대는 화장품을 일부 계층의 사치품에서 누구나 사용하는 일상재로 변화시키는 배경이 됐다. 거리에는 다양한 브랜드의 간판이 걸렸고, 신문과 잡지에는 '미백'이나 '피부 건강' 같은 광고 문구가 속속 등장했다.

거리와 매체를 통해 익숙해진 글로벌 브랜드는 곧 소비자의 일상 속으로 스며들었다. 세련된 뷰티 상품을 직접 경험할 수 있는 대표적인 공간은 바로 백화점이었다. 소비자들은 백화점 전문 코너에서 해외 브랜드 특유의 고급스러운 향기와 부드러운 질감 그리고 세심한 서비스에 마음을 빼앗겼다. 소비자들은 화장품을 통해 자신의 취향과 개성을 드러내기 시작했고, 동시에 선택할 수 있는 제품의 폭도 나날이 넓어지며, 소비의 기준이 더욱 다양해졌다.

국내에서 접할 수 있는 글로벌 브랜드가 늘어난다는 점은 소비자에게는 즐거움이지만 생산자들에게는 위기다. 당시 산업 수준을 생각해보면 국내 브랜드들은 가격·품질·브랜드 파워 등 모든 면에서 열세를 면치 못했다. 이들이 세계를 주름잡는 해외 유명 브랜드들과 경쟁을 벌여야 한다는 사실은 생존의 문제와 직결된다. 살아남아야 한다는 절실함 아래, 국내 브랜드의 고군분투가 이어졌다. K뷰티 산업의 선봉에 선 아모레퍼시픽을 중심으로 글로벌 브랜드에 대항할 수 있는 '한국적인 것'에 대한 자부심이 브랜드 스토리에 녹아들기 시작했다. 한방·쌀겨·녹차 등 전통 재료를 응용한 실험도 이때 시작됐다. "화장은 하는 것보다 지우는 것이 중요하다"는 유명한 광고 카피와 함께 등장한 애경의 포인트 클린 젤, 한국 최초의 기능성 화장품 브랜드를 내세운 아이오페IOPE, 한방 부스팅 에센스를 선보인 설화수Sulwhasoo 등 국내 브랜드가 하이엔드 화장품 시장에 도전장을 내밀었다.

 1988년 개봉한 영화 〈위험한 정사〉는 미국 배급사가 한국 시장에 직접 배급한 첫 영화다. 한국 영화인들은 "국산 영화가 완전히 고사할 것"이라며 극장 안에 뱀을 풀 정도로 미국 영화 직배에 격렬히 항의했다. 하지만 시간이 지나면서 한국 영화는 할리우드의 막강한 자본력과 시스템에 맞서 더욱 창의적이고 완성도 높은 작품을 만들기 시작했다. 이러한 노력은 2000년 이후 한국 영화계의 르네상스로 이어졌고, 2020년에는 영화 〈기생충〉이 제92회 아카데미 시상식에서 최고 영예인 작품상과 감독상·각본상·국제 영화상 등 4개 부문을 수상하기에 이르렀다. '위기는 곧 기회'라는 상투어가 진부하지만 왜 진실인지를 극적으로 보여주는 사례다. 2023년 이후 대한민국이 프랑스를 제치고 미국 화장품 수입국 1위를 차지한 K뷰티의 성취와 절묘하게 중첩된다.

뷰티 제조 인프라의 정립

1990년대 초, 주목할 만한 중요한 변화 중 하나는 화장품 전문 제조사인 코스맥스COSMAX와 한국콜마KOLMAR KOREA의 설립이다. 이 두 기업의 등장은 OEM(Original Equipment Manufacturing) 혹은 ODM(Original Development Manufacturing) 방식의 산업화와 체계화를 이끈 결정적 계기였다. 화장품 산업은 기획·개발, 제조·품질 관리, 홍보·마케팅, 유통 등 각 공정에 서로 다른 전문 플레이어들이 참여하는 복합적인 구조를 가진 생태계다. 일부 기업은 여전히 전 과정을 자체적으로 수행하기도 하지만, 생산의 효율성과 품질 향상을 위해 제조와 품질 관리를 전문업체에 위탁하는 방식이 일반적이다. 코스맥스와 한국콜마는 이러한 흐름 속에서 등장해 본격적인 OEM 및 ODM 전문화 시대를 열었다.

코스맥스와 한국콜마는 당시 해외 브랜드가 완성한 기획과 개발을 주도하고 제조만 외주화하는 OEM 방식에서 두각을 나타냈다. 특히 코스맥스의 창업자 이경수 회장은 약사 출신으로, 제약업계 수준의 엄격한 품질 관리와 연구개발 시스템을 화장품 생산에 도입했다. 이러한 방식으로 양적·질적으로 우수한 생산 능력을 확보했고, 이는 국내 화장품 브랜드사들도 OEM 방식을 적극 도입하는 흐름으로 확산됐다. 또한 다양한 전문 제조업체들이 산업 생태계에 본격적으로 등장하게 됐다.

이후 이들은 브랜드를 대신해 생산만 하는 조력자 역할의 OEM을 넘어 자체 연구개발 역량을 바탕으로 제품 기획과 처방 개발까지 주도하는 ODM으로 빠르게 전환했다. 이렇게 쌓인 독자적인 노하우는 한국 화장품 산업의 든든한 뿌리가 됐다. 실제로 인디·중소 화장품 브랜드는 물론 패션·제약 등의 이종 산업, 아이디어만 가진 스타트업들에 이르기까지 ODM 기업은 없어서는 안 될 핵심 기반으로 자리 잡았다. 한국 화장품의 탄탄한 상품력은 바로 이러한 우리나라 ODM 기업들이 뒷받침하고 있는 덕분이다(상품력 참조).

IMF 외환 위기, 근본부터 흔들리다

1997년 태국의 외환 지급 불능 사태로 시작된 아시아 금융 위기의 불똥이 고도 성장을 구가하던 한국 경제로도 튀었다. IMF에 구제금융을 받으며 수용해야 했던 대대적인 구조조정은 시장 전체를 근본부터 뒤흔들었다. 모두가 움츠러들던 시기, 화장품 산업도 예외는 아니었다. 거리의 화장품 매장들은 하나둘 불이 꺼졌고, 화려하던 진열대도 점점 텅 비어갔다. 오랜 역사를 지닌 브랜드들이 연이어 자금난을 겪거나 도산했고, 살아남은 브랜드들도 대대적인 구조조정에 들어가야 했다. 경제 전반이 얼어붙으면서 화장은 다시 '사치'로 여겨졌다. 한때 성장의 꿈으로 들떴던 시장은 생존만이 유일한 화두가 된 냉혹한 현실과 마주해야 했다.

가까스로 IMF의 거센 파도를 견뎌낸 이후, 시장에는 새로운 질서가 조용히 자리 잡기 시작했다. 1999년 11월, 서울 강남구 신사동에 한국 최초의 드럭스토어Drugstore 올리브영 1호점이 문을 열었다.[1] 올리브영의 등장은 "건강은 약국, 미용은 화장품 가게, 생활용품은 슈퍼"라는 익숙한 공식을 깼다는 데 큰 의미가 있다. 화장품, 건강기능식품, 생활용품을 한 공간에 모은 이 매장에서 소비자들은 제품을 자유롭게 체험하고 폭넓게 선택할 수 있었다. 이는 경제 위기 이후 변화된 삶의 방식과 취향을 담아낼 수 있는 새로운 소비 공간의 등장을 알리는 신호탄이었다.

한편, IMF 외환 위기는 국내 화장품 산업에 의외의 긍정적인 효과도 남겼다. 전반적인 소비 위축은 고가 수입 브랜드에 대한 수요를 줄이는 대신, 가격 대비 효용이 높은 국산 제품에 대한 선호를 높였다. 소비자들은 점점 더 합리적이고 실용적인 제품을 추구하게 됐다. 이러한 흐름에 발맞춰 2000년에는 미샤, 2003년에 더페이스샵 등 로드숍Road Shop 형태의 중저가 브랜드들이 등장하기 시작했다. 이들은 기존 백화점이나 전문 매장이 아닌 거리 매장에서 소비자가 직접 체험하고 구매할 수 있도록 하며 유통의 혁신을 이끌었다. 대형마트와 홈쇼핑 채널에서도 화장품 판매가 본격화되며, 유통망은 더욱 다변화됐다.

이처럼 새로운 유통 질서에 직면한 기존 화장품 전문점들은 과도한 할인 경쟁, 외상 거래 등으로 점차 한계를 드러냈다. 반면 시장은 새로운 형태로 빠르게 진화했고, **브랜드숍**Brand Shop이라는 새로운 유통 모델이 가능성 있는 대안으로 주목받기 시작했다. 불확실성은 여전히 컸지만, 위기를 딛고 일어난 이 새로운 움직임은 이후 'K뷰티'로 불리게 될 한국 화장품 산업의 비상을 조용히 예고하고 있었다.

2000~2012, 세계 시장의 문이 열리다

IMF 외환 위기야말로 한국 경제에 있어 '위장된 축복'이었다. IMF의 강도 높은 구조조정 요구를 충실하게 이행한 결과, 한국 경제는 2000년대 들어서면서 다시 그 토대를 회복할 수 있었다. 이는 같은 시기 위기를 겪었음에도 구조 개혁

> **브랜드숍**
>
> 하나의 화장품 브랜드가 기획부터 유통까지 직접 통합 운영하며, 자사 제품만을 판매하는 단독 매장이다. 미샤, 더페이스샵, 에뛰드하우스 등 2000년대 초반 등장해 대리점, 백화점 중심의 기존 유통을 혁신하며 접근성·합리적 가격·브랜드 경험을 강조하는 새로운 소비 문화를 열었다. 로드숍과 혼동되기도 하지만, 브랜드숍은 유통 전략의 개념이고, 로드숍은 거리 기반의 위치·공간 형태를 기준으로 한 명칭이다.

의 속도나 강도에서 차이를 보인 일부 국가들과 대조를 이룬다. 한국은 위기를 통해 산업 구조와 정책 시스템을 재정비하며 향후 성장의 발판을 마련한 것이다.

새천년을 맞으며 화장품 시장 역시 새로운 전기를 맞았다. 2000년 서울 이화여대 앞에 문을 연 미샤 1호점 매장은 이른 아침부터 고객들로 북적였다.[2] 대학생과 사회 초년생들이 삼삼오오 모여 진열대 위에 가지런히 놓인 3,300원짜리 립글로스를 손등에 발라보고 거울 앞에서 색을 비교했다. 친구와 함께 고른 생기 도는 붉은 빛 립글로스 하나만으로도 "이제 나도 트렌드세터"라는 자신감이 얼굴에 번졌다.

미샤 이후 시장에 우후죽순 등장하기 시작한 원브랜드숍One Brand Shop은 한국 화장품 시장의 모습을 송두리째 바꿔놓았다. "누구나 쉽게 접근할 수 있는 화장품"이라는 콘셉트 하에 지하철역·번화가·대학가마다 에뛰드하우스·더페이스샵·이니스프리·토니모리·네이처리퍼블릭·스킨푸드 등 수많은 브랜드의 간판이 속속 등장했다. 미샤는 한때 전국에 1,000여 개까지 매장을 늘렸다. 이들 매장 안에서는 매일 수만 명의 소비자가 새로운 자신을 발견했다. 백화점의 고급스러운 분위기와는 또 다른, 젊고 자유로운 에너지로 가득한 공간에서 화장품 쇼핑은 더 이상 사치스러운 특별한 이벤트가 아니라 평범한 일상의 한 장면이 됐다. 이제 화장품은 내가 직접 경험하고 내 취향에 맞게 골라 쓸 수 있는,

지극히 개인적인 소비로 변모해갔다.

화장품 정보를 소비자들끼리 자유롭게 주고받는 온라인 커뮤니티가 등장하기 시작한 것도 이 무렵이다. 페수닷컴PESU.com이나 파우더룸PowderRoom 같은 공간에서는 화장품에 관심 많은 이들이 모여 직접 사용해본 제품의 솔직한 후기를 나누고, 신제품 소식이나 화장법, 할인 정보까지 실시간으로 공유했다. 백화점 직원이나 브랜드 광고가 아닌, 또래 소비자들의 생생한 경험담이 가장 신뢰받는 정보가 됐다. 소비자들은 서로의 취향과 고민을 나누며 연결됐고, 점차 뷰티 산업 생태계의 한 축을 형성하면서 새로운 트렌드를 만들어갔다(덕후력 참조).

약사법이라는 장벽을 넘어

2000년에는 화장품법이 시행되면서, 그간 모호했던 규정과 한계가 명확해졌다.[3] 이 법의 시행은 화장품 업계에는 희망과 위기를 동시에 안겨줬다. 기존에는 의약외품이나 의약품으로만 분류돼 허가가 어려웠던 미백·주름 개선·자외선 차단 등 기능성 표현이 법적으로 가능해졌기 때문이다. 이를 계기로 중소 브랜드들도 자신만의 콘셉트와 기술력을 앞세워 시장에 도전할 수 있는 여건이 마련됐다. 오늘날 K뷰티의 중요한 특징으로 자리 잡은 '기능성 콘셉트'가 본격적으로 등장한 출발점이라 할 수 있다. 이러한 제도적 변화는 소비자의 화장품 구매 행태에도 영향을 미쳤다. 브랜드 인지도보다 제품의 효능과 기능을 중시하는 소비자 선택이 늘어난 것이다.

반면 '한국형 드럭스토어'를 표방하며 출범한 올리브영에게 법적 규제는 거대한 장벽이었다. 드럭스토어에서 드럭Drug, 즉 약을 판매할 수 없었던 것이나. 드럭스도이는 약국과 소매점 기능이 결합된 복합 매장을 말하는데, 미국에서는 아주 일반화된 업태다. 미국의 드럭스토어는 매장 내 약국 코너에 약사가 상주해 처방전 조제와 건강 상담을 제공하면서, 처방약Pharmacy뿐 아니라 비처방약·건강기능식품·화상품·음료·스넉·생활용품 등을 함께 판매한다. 아울러 사진 인화, 은행 ATM, 우편 서비스, 심지어 소형 진료소(클리닉)까지 함께 운영되며, 단순히 약을 파는 공간을 넘어 지역 주민의 주요 생활 편의 공간으로 자리 잡고 있었다.

하지만 한국에서는 약은 약국에서만 판매할 수 있다는 법규 해석이 나온 것이다. 올리브영은 약국과 약사들의 반발에 부딪혀,[4] 결국 '드럭'이라는 단어를 내려놓았다. 대신 건강Health과 아름다움Beauty을 아우르는 H&B스토어로 방향을 전환했다. 올리브영 입장에서는 단팥빵에 단팥을 넣지 말라는 청천벽력 같은 규제였지만, 아이러니하게도 이 규제가 오히려 H&B스토어라는 전례 없는 성공 사례를 만드는 결정적 계기가 됐다.

올리브영은 이렇게 다시 한 번 위기를 기회로 바꿨다. 법은 때로 기업 앞에 단단한 장벽을 세우기도 하지만, 그 장벽을 넘으려는 시도가 예상치 못한 비즈니스 전환을 이끌어내기도 한다. 새천년의 문턱에서 한국 화장품 시장은 그렇게 전환점을 맞이했다.

한류와 함께 열린 세계 시장

2000년대는 한류가 본격적으로 세계적 인기를 끌게 된 중요한 변곡점이다. 1999년 문화관광부에서 한국 대중음악의 해외 홍보를 위해 '한류Korean Wave'라는 이름의 음반을 제작함으로써, 이 용어가 일반적으로 사용되기 시작했다. 2000년에는 〈가을동화〉가 대만과 동남아에서 방송되며 해외 진출의 포문을 열었다. 2003년 시청률 57.8%를 기록한 〈대장금〉은 국민 드라마로 자리매김하며, 그 이후 80여 개국에 수출됐다. 특히 이란에서는 평균 시청률 90%라는 신화적인 기록을 남기며[5] 중동 지역에서 엄청난 인기를 끌었고, 세계적으로 총 50억 원이 넘는 판권 수익을 올렸다.[6] 같은 시기 일본에서는 〈겨울연가〉가 방영되며 '욘사마'와 '지우히메' 열풍을 일으켰다. 이러한 한류 드라마의 인기는 한국에 대한 문화적 선망은 물론이고, 드라마 속 주인공의 화장법, 패션, 라이프스타일까지 닮고 싶어 하는 해외 팬들의 관심으로 확장됐다.

2000년 이후 한류 콘텐츠와 함께 성장하기 시작한 K뷰티에는, 'K컬처에 담긴 아름다움'이 문화적 후광으로 자연스럽게 스며들어 있었다. 전 세계 소비자들은 K드라마 속 배우나 K팝 아이돌의 깨끗한 피부, 자연스러운 메이크업, 그리고 그들이 사용하는 제품에 매혹됐다. 이 과정에서 K뷰티는 단순한 수출품을 넘어, 각국 소비자들이 자신만의 정체성과 문화에 맞게 받아들이고 재해석하는 '문화 교류의 매개체'로 자리 잡게 됐다.

한류의 인기는 화장품 산업에도 큰 영향을 미쳤다. 〈대장금〉의 주인공 이영애가 모델로 활약한 LG생활건강의 후Whoo는 궁중 한방 콘셉트와 고급스러운 이미지로 중국과 베트남 등 아시아 시장에서 큰 성공을 거뒀다. 실제로 LG생활건강은 베트남에서 약 16%의 시장 점유율로 1위를 차지했고,[7] 중국에서는 대학가 주변 매장임에도 한화 30만 원이 넘는 객단가를 기록하며 '소황제' 세대의 열띤 소비를 이끌었다.

한국 화장품 산업의 성장을 단지 한류의 덕으로만 돌릴 수는 없다. 이 시기 국내 기업들은 제품의 기술력과 혁신성 또한 빠르게 끌어올리고 있었다. 아모레퍼시픽의 아이오페는 '에어 쿠션'이라는 새로운 형태의 화장품을 개발해 선보였고, 이 즈음부터 세계 주요 화장품 회사들이 한국산 기술을 참고하거나 도입하기 시작했다.

바야흐로 'K뷰티'의 태동기였다. K컬처의 수출액이 수입을 처음으로 앞서며, 2012년에는 화장품 수출액이 사상 처음으로 10억 달러를 돌파했다.[8] 명동 거리의 화장품 로드숍에 외국인 관광객이 찾아오기 시작했다. 각 브랜드들은 자사몰을 중심으로 온·오프라인을 넘나드는 옴니채널 전략을 본격적으로 펼치기 시작했다.

이러한 기회가 모두에게 축복은 아니었다. 올리브영 같은 종합 매장에는 위기로 작용했다. 중국 수출을 통해 몸집을 키운 대기업 화장품 브랜드들이 자사 단독 매장을 세우기 시작하면서, 종합 매장에서는 주요 제품군을 하나둘 철수하기 시작한 것이다. 어느 날 갑자기 매대에 뜻하지 않게 빈 자리가 생겨났고, 올리브영은 이를 소규모 인디 브랜드로 채우기 시작했다. 당시에는 일종의 궁여지책이었지만, 지금 세계 시장을 주도하는 인디 브랜드의 씨앗들이 이 시기 올리브영 매대에 뿌려진 셈이다. 또 한 번의 '위장된 축복'이었다.

2008년부터 전 성분 표시제[9]가 도입되면서 화장품 성분에 대한 소비자 관심이 폭발적으로 증가했다. 제품마다 모든 성분이 표기되자 소비자들은 브랜드의 명성보다 성분과 효능을 꼼꼼히 따져보기 시작했고, 더마 브랜드와 클린뷰티Clean Beauty, 비건뷰티Vegan Beauty 등 '성분 중심'의 시장이 빠르게 성장했다. 올리브영 등 H&B스토어는 이러한 트렌드에 맞춰 다양한 성분 특화 브랜드와 제품을 적극적으로 입점시키며, 소비자 선택의 폭을 넓혔다. 잘 알려지지 않은 브랜드라도 품질과 트렌드를 반영하면 적극적으로 입점시킨다는 원칙을 빠르게 적용해나갔다.

2013~2024, 대기업에서 인디 브랜드로

2010년 이후는 글로벌 매체 환경이 격변한 시기다. 유튜브·틱톡·페이스북·인스타그램 등 온라인 소셜 미디어와 플랫폼들이 전 세계인의 스마트폰 첫 화면에 자리 잡기 시작했다. 이러한 변화는 한류와 한국 화장품에도 큰 변화를 초래했다. 가장 대표적인 예로 2012년 가수 싸이가 부른 '강남 스타일'을 들 수 있다. 2012년 12월 21일, '강남 스타일' 공식 뮤직 비디오는 유튜브 역사상 최초로 10억 뷰를 돌파했고,[10] 이후에도 폭발적인 인기를 이어가 1년 반 만에 20억 뷰를 넘기며 전 세계적인 신드롬을 일으켰다.

마셜 맥루한은 "미디어는 메시지다"라고 주장한 바 있다. 이는 미디어가 단순히 내용을 전달하는 도구를 넘어, 그 자체가 사회적·문화적 변화를 이끄는 핵심적 요소라는 뜻이다. 미디어의 변화는 콘텐츠 산업뿐만 아니라, 화장품 산업의 판도에도 큰 영향을 미쳤다. 소셜 미디어와 온라인 플랫폼에 누구나 자신의 콘텐츠를 올릴 수 있게 되면서, 작은 기업도 홍보하고 유통할 수 있는 채널을 갖게된 것이다. 변화는 온라인에서만 온 것은 아니었다. 전술했듯이 올리브영이 인디 브랜드들을 육성해 기회를 부여함으로써, 화장품 산업의 주도권이 오프라인에서도 기존의 대기업 중심에서 중소기업 주도로 바뀌었다. 오늘날 수많은 인디 브랜드들이 끌고 가는 K뷰티 생태계의 발원지는 온라인에서는 소셜 미디어, 오프라인에서는 올리브영이었다고 평가할 수 있다.

중국 시장에서 날다

2013년 연말, SBS에서 방영을 시작한 〈별에서 온 그대〉가 이듬해 중국 아이치이愛奇藝 등 온라인 동영상 플랫폼을 통해 폭발적인 인기를 얻으며 또 하나의 신드롬을 일으켰다. 코믹 요소를 가미한 외계인과 톱스타의 로맨틱 스토리는 중국 주요 플랫폼에서 다시보기 조회 수 37억 건을 돌파하며 전례 없는 기록을 세웠다.[11] 〈별에서 온 그대〉가 특히 중요한 이유는 주인공이 입고 먹고 쓰는 아이템들이 직접적인 소비로 이어졌다는 데 있다. 그중에서도 화장품이 핵심이었다. 드라마 속 여주인공 천송이가 사용하던 립스틱은 중국에서 품절 대란을 일으켰고, 2014년 1분기 한국의 대중국 립스틱 수출은 전년 동기 대비 320% 폭증했다.[12]

당시 중국 시장의 영향력은 엄청났다. 중국인 관광객

유커遊客가 한국을 찾아 명동의 로드숍과 면세점을 가득 메웠다. 유커들의 폭발적인 쇼핑 열기는 그전까지 대세였던 일본인을 단숨에 제치고 외국인 소비 1위로 올라서게 했다. 2013년에 중국인 관광객 수가 314만 명을 돌파하며 한국 방문 외국인 중 최대 비중을 차지했던 것은 시작에 불과했다.[13] 이들의 여행 쇼핑은 냉품과 화장품은 물론 건강식품까지 양껏 구매하는 사회적 현상으로 번졌다.

이 열기는 따이궁代工, 즉 중국 구매대행 보따리상들의 활약으로 이어졌다. 따이궁들은 면세점에서 아모레퍼시픽의 설화수·라네즈·이니스프리 등 인기 브랜드의 화장품을 대량 구매해 중국 현지에 유통하는 역할을 했다. 연간 5조 원이 넘는 규모의 화장품이 이들의 손을 거쳐 중국으로 흘러갔다. 국내 면세점의 경우 매출의 절반 이상이 따이궁에 의해 발생했다. 이들은 SNS와 온라인 커뮤니티를 적극 활용해, 언제 한국에 방문하고 어떤 제품을 판매할지 등 중국 소비자들과 실시간으로 소통하며 점점 더 전문화된 유통망을 구축해갔다.

중국의 열기는 한국 화장품 산업 구조 자체를 중국 중심으로 재편하게 만들었다. 기업들은 중국 내 생산 비중을 확대하고, 중국 소비자 취향에 맞춘 제품 개발을 진행했다. 중국 온라인 인플루언서인 왕홍网红을 기용해 현지화된 광고 캠페인을 진행하는 것은 물론 중국 내 온라인몰에 직접 입점하는 등 적극적인 현지화 전략도 추진했다.[14] 한국 화장품은 어느새 중국 수입 시장 2위로 올라섰다.[15] 중국의 발전하는 경제와 폭증하는 외유外遊 인구를 바라보며, K뷰티가 앞으로도 성장 가도를 달리리라는 전망을 누구도 의심하지 않았다.

전화위복이 된 사드 사태

순간이었다. 2016년 한국이 미국과 북한의 미사일 위협 대응이라는 명목 하에 고고도 미사일 방어체계인 사드THAAD를 한반도에 배치하기로 결정하면서, 중국 정부는 안보 위협을 이유로 격렬히 반발했다. 더불어 한국행 단체 관광을 사실상 금지하는 한한령限韓令을 내리면서 한류 콘텐츠, 한국산 화장품, 한국 연예인이 등장하는 광고·드라마·음악 등 한국 문화와 소비재 전반에 보이지 않는 장벽을 세웠다. 한때 연간 800만 명에 달하던 중국인 관광객은 반 토막이 났고, 면세점과 명동 거리는 순식간에 적막해졌다. 중국 법인 매출만 1조 원이 넘던 아모레퍼시픽은, 영업 이익이 2016년 1조 828억 원에서 1년 만에 7,315억 원으로 급감했다.[16] 중국 매출에 고무됐던 K뷰티 기업들은, 닫힌 문 앞에서 허탈한 한숨을 내쉬었다.

하지만 하나의 문이 닫히면 다른 문이 열리는 법이다. 중국 한한령의 벽에 부딪힌 K뷰티 기업들은 K컬처의 씨앗이 뿌려져 있던 미국·일본·동남아로 시선을 돌리며, 새로운 시장을 공략하기 시작했다. 그 결과 2016년부터 미국 최대 뷰티 유통체인 얼타뷰티Ulta Beauty에는 'K뷰티 스킨케어 존'이 신설됐으며, 그로부터 2년 후에는 100여 개 K뷰티 브랜드가 미국에 진출했다.[17] 일본에서는 드럭스토어와 버라이어티숍 등 2만여 개 매장으로 유통 채널이 확대되며 K팝 스타가 광고 모델로 기용되기도 했다. 태국·베트남·인도네시아 등에서도 H&B스토어·편의점·온라인몰 등에 입점하고, 현지 인플루언서와의 협업과 라이브 커머스 등으로 소비자와의 접점을 넓혔으며, 2019년 'K뷰티 엑스포 방콕&방콕 뷰티 쇼' 등 대규모 B2B 전시회를 개최하며 바이어와 소비자에게 한국 화장품의 기술력과 품질을 적극 알렸다.[18]

화장품법 개정이 이끈 '성분 플레이'

K뷰티를 정의할 때, '한국인의 미의식과 미적 기준을 담아낸다'는 감성적 특성은 'Made in Korea' 혹은 'Made by Korea'만큼이나 중요하다. 이러한 맥락에서 K뷰티를 이루는 또 하나의 축은 일상 속에서 실천하는 '한국식 화장 루틴'이다.

한국의 뷰티 루틴은 오랜 시간에 걸쳐 다듬어진 기초 화장품 중심의 스킨케어에 기반을 두고 있다. 그 위에는 유리 피부Glass Skin로 표현되는 투명하고 건강한 피부에 대한 집착 그리고 성분을 꼼꼼히 따지는 깐깐함이 자리 잡고 있다. 이런 루틴은 단순한 미용법이 아니라, 피부 본연의 건강함을 추구하는 한국형 자기 관리가 맞닿은 결과다. 2010년대 이후, 한국의 소비자들은 더블 클렌징, 토너와 에센스, 시트 마스크팩, 다양한 기능성 세럼과 크림을 겹겹이 바르는 다단계 스킨케어 루틴을 일상화했다. 이 과정에서 '성분'은 단순한 제품 특성이 아니라, 브랜드를 선택하는 가장 중요한 기준이 됐다(덕후력 참조).

이런 변화에는 2012년 화장품법의 전면 개정이 중요한 역할을 했다. 기존의 포지티브Positive 규제가 네거티브Negative 규제로 바뀌었다. 이는 허용된 성분만 사용할 수 있던 규제에서, 금지된 것만 제외하면 나머지는 자유롭게 쓸 수 있는 체계로의 대전환을 이끌었다. 동시에 '화장품 책임판매업자' 제도가 도입되면서, 제조업체와 판매업체가 분리되고 판매업자가 제품의 품질과 안전을 책임지는 구조가 만들어졌다. 이 두 가지 변화는 기업의 자율성과 혁신을 크게 높였고, 실제로 법 개정 이후 브랜드 수와 신제품 출시가 눈에 띄게 증가했다.[19] 작은 브랜드들도 자신만의 콘셉트와 성분 조합으로 시장에 도전할 수 있는 길이 열렸다.

이러한 제도적 변화는 곧 '성분 플레이' 브랜드의 등장으로 이어졌다. 이전까지는 화장의 전 단계를 같은 브랜드 또는 같은 라인업 제품으로 구성하는 획일적 사용 방식이 일반적이었다면, 이후에는 화장 루틴의 각 단계에 맞춰 제품을 개별적으로 선택하는 방식으로 소비자의 구매 패턴이 바뀌었다. 인디 브랜드들은 이렇게 형성된 니치 마켓에 침투해 성분 중심의 커뮤니케이션 전략을 펼쳤다. 이들은 ODM 제조사와 협업해 제품을 빠르게 생산하고, 온라인 플랫폼과 SNS를 통해 소비자에게 직접 판매했다. OEM·ODM 기반의 유연한 생산 체계는 인디 브랜드들이 시장에 신속하게 진입하고, 소비자와의 직접적 관계를 형성하는 데 중요한 기반이 됐다. 특히 창업자나 크리에이티브 디렉터의 신념과 개성이 브랜드의 정체성에 고스란히 반영됐고, 코덕(코스메틱 덕후)이나 인플루언서와의 협업, 실시간 소비자 의견 VOC, Voice of Customer 반영 등을 통해 민감하고 정확하게 대응했다. 더불어 내수 시장뿐만 아니라 처음부터 글로벌 시장을 목표로 한 상품 기획으로, K뷰티의 저변을 넓혀갔다(기획력 참조).

　한편 인디 브랜드들이 본격적으로 성장할 수 있는 무대를 마련해 준 것이 바로 올리브영 같은 H&B스토어였다. 자사몰이나 오프라인 매장 운영이 쉽지 않은 신생 브랜드에게 H&B스토어는 소비자와 직접 만날 수 있는 가장 강력한 접점이었다. LVMH 그룹이 운영하는 세포라 Sephora를 비롯해 부츠·랄라블라·롭스·시코르 등 다양한 H&B스토어가 등장했지만, 대부분 철수하거나 정체된 반면, 올리브영은 주로 중소·인디 브랜드를 적극적으로 발굴하고 입점시키는 K뷰티의 인큐베이터 역할을 해왔다. 2024년 기준, 올리브영을 통해 연매출 100억 원을 넘긴 인디 브랜드는 109개에 달하며,[20] 이 중 일부는 더 이상 '인디'라 부르기 어려울 만큼 성장했다. 이제 한국의 인디 브랜드들은 세계적인 화장품 회사의 러브콜을 받고 있다. 닥터지Dr.G 의 고운세상코스메틱과 쓰리컨셉아이즈3CE의 스타일난다가 프랑스의 로레알 그룹에, AHC의 카버코리아Carver Korea가 영국의 유니레버에, 닥터자르트Dr.Jart+의 해브앤비Have & Be Co., Ltd.가 미국의 에스티로더 그룹에 인수됐다.

뷰티 인플루언서가 K뷰티 생태계에 또 하나의 커다란 변수를 만들어낸 것도 이 시기다. 뷰티 유튜버들은 메이크업 튜토리얼과 제품 리뷰, 연예인 커버 메이크업 등 실용적이면서도 개성 넘치는 영상을 선보였다. 100만 뷰를 훌쩍 넘기는 영상도 많아졌다. 소비자들은 더 이상 브랜드 광고나 매장 직원의 설명만이 아닌, 자신과 비슷한 취향과 피부 고민을 가진 인플루언서의 경험과 조언에 귀를 기울이기 시작했다. 인플루언서 마케팅이 본격화되면서, 이들은 단순한 리뷰어를 넘어 브랜드와 공식 콜라보 제품을 출시하거나, 자신의 이름을 건 브랜드를 론칭하는 등 사업가로 진화했다. 이들은 실시간 소통과 영상 기반 정보 제공을 통해 소비자와의 신뢰를 쌓았다.

팬데믹이라는 전화위복

2020년 멀쩡하던 세상이 한순간에 닫혔다. 아무도 예상하지 못한 코로나19 팬데믹은 오프라인 매장에 극심한 타격을 안겼다. 그러나 그 충격은 동시에 엄청난 기회를 선물했다. 온라인 구매에 소극적이던 미국과 일본 소비자들이 아마존이나 큐텐 같은 새로운 쇼핑 채널에 익숙해지기 시작한 것이다. 새로운 플랫폼이 열리면서 기회를 잡은 K뷰티 산업은 머뭇거릴 이유가 없었다. 면세점과 오프라인 매장은 비어갔지만, 이내 온라인 쇼핑을 새로운 돌파구로 삼았다. 디지털·비대면 채널의 성장에 힘입어 무역수지 흑자는 지속적으로 확대됐다. 2020년 이후 한국의 화장품 수출은 61억 달러를 돌파했고,[21] 2024년에는 102억 달러(약 10조 5,099억 원)라는 역대 최대 실적을 기록하며 세계 3위 수출국으로 자리매김했다.[22] 특히 기초 화장품 분야가 생산과 수출 모두를 견인하며, 클렌저·에센스·마스크팩 등 스킨케어 중심의 K뷰티 루틴이 글로벌 트렌드로 확산됐다.

집에 머무는 시간이 길어지면서 넷플릭스나 유튜브 등을 통한 K드라마·K팝·K예능 등 한국 콘텐츠는 더욱 폭발적인 인기를 끌었다. 자연스럽게 한국 배우와 아이돌의 피부와 스타일이 꾸준한 선망의 대상이 됐고, 온라인몰을 통한 K뷰티 제품 구매가 더욱 활성화됐다. 브랜드들도 틱톡·유튜브·인스타그램·라이브 커머스 등 온라인 커뮤니케이션을 적극적으로 활용하며, 소비자와의 거리를 좁혔다. 온라인에서 K뷰티 제품을 접하고 곧바로 클릭 한 번에 구매할 수 있는 환경이 갖춰지면서, K뷰티는 국경과 시공간의 제약을 넘어 전 세계인의 일상에 스며들었다. 국내 화장품업계도 비대면 배송 서비스를 중심으로 팬데믹 위기를 극복했다. 2018년, 올리브영은 주문 후 3시간 이내 상품을 배달하는 '오늘드림' 서비스를 신규 출시하며, 소비자들이 집 안에서도 뷰티 라이프를 이어갈 수 있도록 지원했다.

팬데믹이 끝난 이후, 한국을 찾는 외국인들에게 K뷰티 쇼핑은 여행 필수 코스로 자리 잡았다. 올리브영의 경우 2024년 한 해 동안 189개국의 외국인이 매장을 찾았으며, 이들의 매출은 전년 대비 1.4배 증가한 수치를 기록했다.[23] 외국인 관광객이 방문한 한국의 유통 매장 순위를 보면 1~10위 중 올리브영 명동, 홍대, 성수점 등이 포진해 있다. 이용자 수도 백화점 본점들을 모두 합친 것보다 많다.[24] 외환 위기, 사드 사태를 견디며 단련된 K뷰티는 재앙처럼 들이닥친 팬데믹 속에서도 또 한 번의 '위장된 축복'을 길어 올렸다.

2025 이후, K뷰티가 제시하는
한국 경제의 새로운 미래

나무를 잘 자라게 하려면 가지를 잘라줘야 한다. 특히 강전정強剪定은 가지를 많이 잘라내는 방식을 말하는데, 단순히 죽은 가지나 병든 가지를 정리하는 것을 넘어 웬만한 가지는 대폭 쳐냄으로써 큰 줄기만 남긴다. 강전정을 하고 난 이후 나무의 모습은 황량하기 그지없다. 저러다가 죽어버리지 않을지, 걱정이 절로 들 정도다. 하지만 계절이 바뀌면서 수세樹勢(나무가 자라는 힘)가 달라진다. 오래되고 생육이 약해진 나무들이 강전정을 통해 새로운 가지를 뻗고 새로운 활력을 되찾는다. 나무로서는 몸을 잘라내는 고통이, 가지의 태반이 날아가는 위기가, 새로운 성장의 계기가 된 것이다.

지금까지 간략하게 한국 화장품의 역사를 살펴본 대로, 위기의 변곡점마다 성장의 기회가 있었음을 알 수 있다. 시장 개방, 규제, 외환 위기, 사드, 팬데믹 등 다양한 고비는 산업 생태계 전체를 움츠리게 만들었지만, 그 자극은 수목의 강전정처럼 더욱 풍성한 열매를 맺게 만들었다.

중요한 점은 이러한 현상이 현대 경제의 모든 산업에서 일반적으로 흔히 관찰된다는 사실이다. 왜 '전화위복'의 사례가 계속 나타나는 걸까? 이것은 우연이 아니다. 산업 생태계의 메가 트렌드가 근본부터 바뀌었기 때문이다. 글로벌 교역 여건의 변화와 온라인, 모바일을 중심으로 한 유통 기반의 전환 그리고 소셜 미디어를 중심으로 한 소비자의 정보 환경이 성장의 문법을 근본부터 무너뜨렸다. 이런 상황에서 예전 방식은 더 이상 통하지 않고, '위기가 강제한 혁신'이 축복으로 작용한 것이다.

무릇 잘 나가는 시점에서 미래를 내다보며 스스로 개혁하는 것은 쉬운 일이 아니다. 이런 상황에서 불어닥치는 강제적인 환경 변화는 그 순간에는 위기라고 불리지만, 이에 대응해 새로운 혁신을 도모하다 보면, 어느새 트렌드에 살아남는 대응력을 갖추게 된다. 그래서 K뷰티 성공 신화의 비결을 한 마디로 요약하라면, '트렌드 대응력'이라고 결론지을 수 있다.

그렇다면 트렌드 대응력은 구체적으로 어떠한 요소를 포함하는가? 우리는 K뷰티의 성공 요인을 기획력·속도력·주도력·대응력·상품력·덕후력이라는 여섯 가지 힘으로 추출해냈다. K뷰티의 여섯 가지 힘으로부터 우리는 무엇을 배울 수 있는지, 다음 장부터 하나씩 살펴보자.

1

기획력

브랜드가 받쳐 주고 올리브영이 키운다

K-BEAUTY TREND

한국 뷰티 시장은 독특하다. 다른 나라 소비자들이 평균적으로 사용하는 화장품의 2~3배를 소비한다. 소비자 데이터 플랫폼 오픈서베이가 발표한 '뷰티 트렌드 리포트 2023'에 따르면, 한국 여성 소비자가 사용하는 스킨케어 제품은 평균 6.12개다. 미국 여성 소비자 3.60개, 일본 여성 소비자 3.06개와 비교해 월등히 높은 수치다. 더욱 흥미로운 것은 인구는 줄어드는데 시장은 계속 성장한다는 점이다. 왜 그럴까?

눈길을 화장대에서 옷장으로 옮겨보자. 옷장에 옷이 많다. 문이 닫히지 않을 지경이다. 그런데도 불구하고 사람들은 늘 "입을 옷이 없다"고 말한다. 옷장에 있는 것이 옷이 아니라면, 대체 무엇이란 말인가? 우리는 왜 끊임없이 새로운 옷을 찾아 나설까? 2011년 뉴욕에서 시작해 전 세계의 사랑을 받는 편집숍으로 성장한 키스^{KITH}의 창업자 로니 피그 Ronnie Fieg는 이 역설에 대한 답을 제시한다.

> 요즘 고객은 옷이 부족하지 않습니다. 옷을 사는 이유는 '감정' 때문이죠. 우리는 어떤 감정의 일부가 되기 위해 직접 만질 수 있고, 물리적인 '느낌'을 줄 수 있는 물건을 판매합니다. 그리고 그 느낌은 긍정적이어야 하죠.[1]

여기서 말하는 이 '느낌'이, 화장품이든 옷이든 이미 많지만 꼭 사고 싶다는 열망을 만드는 원동력일 것이다. 이 느낌은 어떻게 만들어낼 수 있을까? 그 작업이 바로 기획이다. '기획력'의 사전적 정의는 "어떤 목표를 효과적으로 달성하기 위해 상황을 분석하고, 필요한 방향과 구체적인 실행 방안을 논리적이고 창의적으로 설계하는 능력"이다.[2] 뷰티 산업에서 기획력은 더 구체적인 의미를 갖는다. 소비자의 목소리를 잘 듣고, 그 안에 숨어 있는 욕망 코드를 읽어낸 후, 이를 매력적으로 상품에 반영하여 자연스럽게 소비자의 구매를 이끌어내는 일련의 과정이다.

마음에 드는 옷을 보면 '사야 한다'는 생각이 들고, 다른 나라 사람들보다 많은 화장품을 사용하고 있으면서도 새로 나온 화장품을 계속해서 구매하는 이유. 그 이유는 바로

'참신하고 새로우며 재미있는 상품들이 끊임없이 쏟아져 나오기 때문'이다. 한 마디로 K뷰티의 성취는 고객 감성과 트렌드에 적합한 상품을 만들어낸 기획력의 승리다. 이런 탁월한 기획력은 어디서 비롯되는가? K뷰티 브랜드들은 소비자의 마음을 사로잡는 상품을 만드는 데 왜 이토록 능숙한가? K뷰티의 기획력을 우리는 어떻게 배울 수 있을까? 이를 분석·설계로 나눠 살펴보자.

분석

무섭도록 집요한 데이터 관리

한국 화장품이 파리의 세포라 매장 진열대를 장식하고, 뉴욕의 젊은이들이 한국 브랜드 쿠션을 찾는 모습은 이제 더 이상 낯설지 않은 풍경이다. 이 성공은 우연이 아니다. '대추 한 알에도 태풍 몇 개, 천둥 몇 개, 벼락 몇 개'가 담겨 있듯, 한국 화장품 브랜드사·제조사·유통사가 발휘한 탁월한 기획력의 산물이다. 혁신적인 기획은 회의실에서 탄생하는 것이 아니라, 고객의 솔직한 목소리에서 출발한다. 즉, K뷰티의 기획력은 바로 소비자의 니즈를 정확히 분석하는 것에서부터 시작한다.

"건조한데 유분기도 많아요."

"각질은 없어지는데 너무 당겨요."

"향이 너무 강해서 못 쓰겠어요."

올리브영에서부터 아마존에 이르기까지 전 세계 고객들이 남긴 불만 섞인 리뷰는 새로운 상품 기획이 시작되는 출발선이다. 바야흐로 데이터로 화장품을 만드는 시대가 도래했다.

과거 뷰티 기업들이 주목한 것은 'CRM Customer Relationship Management 데이터' 즉, 고객관계관리 데이터였다. 이는 주로 소비자를 모니터링하는 목적으로 이메일·주소·구매 주기·금액에 이르기까지 모든 것을 기록하고 분석했다. '3개월 전에 스킨케어 제품을 구매했으니 이제 떨어질 때가 됐다'는 추측을 바탕으로 시의적절하게 DM을 발송하는 식이다. 한 마디로 고객을 '관리'하려는 발상이었다.

그러나 사람들이 뷰티 상품을 구매하는 행태가 급변하면서 CRM 데이터의 가치도 변하기 시작했다. 동일한 제품을 재구매하는 소비자보다 새로운 브랜드를 끊임없이 탐색하는 '뷰티 노마드족'이 늘면서 고객을 우리 브랜드에 묶어두는 전략은 더 이상 통하지 않는다. 경영 환경도 변했다. 개인정보보호법이 강화되면서 데이터의 외부 반출이 까다로워졌다. 정보를 활용하려면 복잡한 동의절차도 거쳐야 한다.

이에 따라 CRM 데이터의 활용 가치는 급격히 떨어졌다.

이때 K뷰티 회사들이 주목한 것이 바로 고객들이 직접 작성한 **리뷰 데이터**다. 올리브영 온라인몰에 쏟아지는 생생한 사용 후기, '화해-화장품을 해석하다' 어플에 기록된 평점, 아마존을 통해 화장품을 구매한 외국인의 솔직한 리뷰까지, 매일 수천 개씩 쌓이는 데이터에서 새로운 상품 기획의 아이디어를 캐낸다. 데이터를 분석하는 목표도 완전히 바뀌었다. "고객을 관리하겠다"는 수동적인 태도에서 "우리 상품의 페인 포인트Pain Point를 찾아 차별화된 제품을 기획하고, 더 매력적인 제품을 제안해 고객이 스스로 찾아오게 하겠다"는 능동적인 태도로, 데이터 분석의 목표가 전환되고 있다.

코스알엑스COSRX의 대표 히트작 '약산성 굿모닝 젤 클렌저'는 이런 배경을 바탕으로 탄생했다. 고객이 온라인 플랫폼에 남긴 리뷰를 전 직원이 하나하나 정독하던 중 북미

> **리뷰 데이터**
>
> 고객이 제품이나 서비스에 대해 자발적으로 남긴 의견, 평가, 감정 표현 등을 기반으로 하는 반응형 데이터. 주로 온라인 쇼핑몰, SNS, 커뮤니티, 자사몰 등의 플랫폼에 남긴 텍스트 리뷰, 별점, 작성 일자, 공감 수 등으로 구성되며, 고객의 실제 경험을 바탕으로 한 솔직한 피드백이 담겨 있다. 이 데이터는 제품 개선, 소비자 반응 분석, 감성 마케팅, 브랜드 이미지 측정 등에 활용된다.

코스알엑스

코스알엑스의 대표 제품인
약산성 굿모닝 젤 클렌저(아래)와 더 알엑스 세럼(위).
34개국, 60개 언어, 134개 유통 플랫폼에 올라간
400만 건 이상의 리뷰를 철저히
분석한 결과물이다.

10~20대 여성들의 공통된 고민을 발견했는데, 여드름·뾰루지 등 유분기가 많은 피부로 인해 트러블이 자주 발생한다는 사실이었다. 리뷰들을 종합한 결과, 피부 자극을 최소화하면서도 화학물질을 배제한 약산성 클렌저라는 아이디어가 도출되었고,[3] 결과는 대성공이었다. 고객이 느끼는 제품의 약점을 철저히 분석해 그 불편함을 해결하겠다는 의지가 성공의 원동력이었다.

K뷰티의 타깃 시장이 전 세계로 확장되면서 리뷰 데이터를 수집하고 인사이트를 발굴하는 노하우도 함께 발전하고 있다. 매일같이 쏟아지는 소비자 리뷰를 일일이 읽기는 사실 불가능하다. 이때 등장한 시스템이 바로 AI 기반 리뷰 분석 시스템이다. 2022년 초, 코스알엑스는 인공지능 기반 빅데이터 분석 기업 링크브릭스Linkbricks와 협력해 글로벌 시장의 소비자 리뷰를 실시간으로 분석하는 플랫폼을 개발했다.[4] 코스알엑스의 또 다른 히트상품 '더 알엑스 세럼' 역시 이를 기반으로 탄생했다. 전 세계 34개국, 60개 언어, 134개 유통 플랫폼에 형성된 약 400만 건 이상의 리뷰가 수집되어 제품에 반영됐다.[5]

고객 데이터로부터 기회를 찾는다고 해서 반드시 인공지능 같은 최신 기술을 적용할 필요는 없다. 때로는 우리 브랜드를 적극적으로 좋아하는 '팬슈머Fansumer'[6]의 목소리에서 기획 아이디어가 도출되기도 한다. 색조 브랜드 롬앤

rom&nd은 뷰티 크리에이터 민새롬 씨의 기획력을 바탕으로 탄생한 브랜드지만 진짜 숨은 조력자는 따로 있다. 바로 롬앤에서 운영하는 고객 커뮤니티 '코덕 하우스(이하 코하)'의 멤버들이다. 이 '코스메틱 덕후(이하 코덕)'들은 팬슈머답게 단순한 소비자를 넘어 브랜드의 공동 창작자로 활동한다. 한국에서 판매되는 색조 화장품 대부분이 웜톤이어서 "쿨톤 색조가 부족하다"는 의견을 적극적으로 제안해 롬앤을 순식간에 '쿨톤 맛집'으로 만든 이가 이들이다. 특히 코하 사이트 (coha.kr) 내에 있는 '코덕은 개발중' 코너에서는 소비자가 직접 화장품을 기획하고 출시까지 이끌어낸다. 심지어는 수익도 일부 공유한다.[7] "Everyone is a creator." 홈페이지 속 이 문장이 보여주듯, 모든 소비자가 곧 크리에이터인 셈이다.

 전 세계 뷰티 브랜드들이 다양한 방식으로 소비자 조사를 수행하고 있는 만큼, K뷰티 기업이 고객 데이터에서 아이디어를 찾는다는 것 자체는 신선한 이야기라고 할 수 없다. 여기서 핵심은 '얼마나 집요하게 파고드느냐'다. '어성초 토너'로 유명한 아누아Anua는 '고객 집착'이라는 평가를 들을 정도로 데이터 분석에 몰두한다. 물론 다른 회사들도 설문조사를 수행하지만 아누아는 "이 정도까지 해야 하나?"라는 이야기를 들을 만큼 여러 차례 조사를 수행한다. 제품 개발 초기부터 출시까지 소비자 설문조사를 반복해 실시하는데, 설문조사 결과 품평 만족도가 기준보다 높은 경우에만 신제품으로 출시하는 등 기준도 엄격하다.[8] 데이터에 대한 '집요한' 집착으로부터 '탁월한' 신상품 기획이 시작된다.

순서를 거스르고 고정관념을 깨는 역설계

아마존의 성공 스토리를 담은 『순서 파괴』에서는 창업자 제프 베이조스의 '거꾸로 일하기'라는 독특한 방식을 소개한다. 일반적인 기업들은 공급자 시각에서 기획을 시작한다. 기존 기술보다 업그레이드된 혁신 기술을 개발하고 상품에 반영한 후, 마케팅 포인트로 소비자에게 차별점을 드러낸다. 이를 '워킹 포워드Working Forward'라고 부른다. 반면 '워킹 백워드Working Backwards', 즉 순서 파괴는 소비자로부터 출발한다. 소비자가 누릴 효용을 먼저 설정하고, 이를 달성하기 위한 기술을 찾아 제품에 반영한다.[9]

K뷰티는 이런 순서 파괴를 기획력의 원천으로 삼고 있다. 소비자로부터 상품으로, 방향이 반대로 흘러간다고 해

역기획

기획의 결과나 목표 지점에서 출발하여, 거꾸로 그에 도달하기 위한 과정을 설계하는 기획 방식을 말한다. 즉, '무엇을 만들 것인가?'에서 출발하는 일반 기획과 달리, '무엇이 팔릴 것인가, 어떤 반응이 나올 것인가'에서 시작해 거꾸로 기획을 짜는 것이다. 상품, 유통, 소비자 순으로 이어지는 전통적인 기획 순서를 거스른 역설계 기획과 고정관념을 깨는 데서 출발하는 역발상 기획이 있다.

서 **역기획**Reverse Engineering이라고도 불린다. 역기획은 역설계와 역발상의 두 가지 유형으로 나눌 수 있다.

먼저 역설계 기획은 상품 → 유통 → 소비자 순으로 이어지는 전통적 순서를 거스른다. 좋은 상품을 만든 후에 소비자에게 소구하는 것이 아니라 "소비자가 가진 이런 고민은 어떤 성분으로 해결할 수 있을까?", "이런 유통 플랫폼에서 판매하려면 상품에 어떤 특성이 담겨야 할까?"와 같은 소비자 지향적인 질문에서 기획을 시작한다. 소비자가 뷰티 제품을 사용하는 상황과 맥락을 먼저 이해한 후, 상품의 핵심 속성을 발굴하는 것이다.

클리오CLIO의 쿠션 제품인 '킬 커버'는 판매할 유통사와 타깃에 맞춰 상품 차별화 요소를 기획해 성공했다. 킬 커버 쿠션이 등장하기 전까지 쿠션 제품은 주로 백화점이나 원브랜드숍에서만 판매됐다. 이와 달리 올리브영에서 색조 베이스 제품을 판매하기로 한 클리오는 매장의 주요 타깃인 2030여성들이 쿠션에 기대하는 속성을 고민하기 시작했다. 그렇게 찾아낸 키워드가 제품 이름에서 드러나듯 '커버력'이었다. 당시 고가 브랜드 쿠션은 대부분 내추럴한 컬러였는데, 클리오는 이와 반대로 커버력을 최대치로 끌어올렸다. 여드름 등 피부 고민이 많은 2030여성들이 파운데이션 없이도 손쉽게 잡티를 커버할 수 있다는 콘셉트를 제안한 것이다.

한국 색조 브랜드 최초로 일본 편의점 로손에 입점한

브랜드 앤드바이롬앤&nd by rom&nd 역시 유통사에 맞춰 제품을 역기획해 성공한 케이스다. 일반적으로 화장품 가격은 재료비·인건비 등 제품 원가에 마진을 더해 결정된다. 앤드바이롬앤은 이 순서를 뒤집었다. 판매가를 먼저 정한 뒤, 이를 넘지 않도록 원가와 마진율을 맞추는 '역설계'를 적용한 것이다.[10] 현재 로손에서 판매 중인 립·마스카라·아이섀도 등은 가격이 1,000엔 전후다. 가격에 맞춰 제품 크기도 일반 화장품의 1/3~2/3 수준으로 작게 만들었다. 2023년 3월 발매 후, 단 3일만에 판매 30만 개를 돌파하며 3개월치 재고를 모두 소진해 품절 대란이 벌어지기도 했다.[11] 한국에서는 판매하지 않아 한국 소비자가 일본에서 직구로 구매하는 이색 현상도 벌어졌다.

　역발상 기획은 아예 기존 공식을 거부하거나 뒤집으면서 새로운 가능성을 탐색하는 방식이다. '복숭아 세럼'이란 별명을 가진 아누아의 'TXA 세럼'이 대표적으로, 미백에 대한 고정관념을 깼다. 일반적으로 뷰티 시장에서 '미백'은 곧 '비타민 C' 성분을 의미하는데, 고객 VOC Voice Of Customer를 통해 '따갑고 갈변된다'는 불편함이 꾸준히 제기되어 왔다. 아누아Anua는 이를 해결하기 위해 비타민 B3 유도체 계열로 자극성이 낮은 '나이아신아마이드'를 미백 성분으로 활용했다.[12] 그 결과 TXA 세럼은 국내외 소비자의 인기를 얻으며 단숨에 아누아의 대표 상품으로 등극했다.

Beauty of Joseon

K뷰티의 역발상 기획은 남다른 제품명으로 이어진다. '조선미녀'는 한글이름 그대로 승부하는 브랜드로, 대표 제품인 '맑은쌀' 시리즈 또한 한국 고유의 성분을 내세워 글로벌 소비자들의 호응을 얻었다.

    코스알엑스 역시 소비자의 고민을 역발상으로 해결해 매력을 높였다. '레티놀'이나 '비타민' 같은 성분은 자외선에 노출되면 잘 파괴되므로, 주로 밤에 바르는 뷰티 성분으로 알려져 있다. 그러나 코스알엑스는 "자외선에 취약한 성분을 오전에 발라도 안전할 만큼 커버력이 강한 선크림을 만들겠다"는 목표로 '비타민E 바이탈라이징 선크림'을 개발했다. 기존에는 없던 새로운 전략을 바탕으로 한 역발상 기획으로 차별화 포인트를 만든 것이다.

    문화적인 고정관념을 타파하는 것도 역발상 기획의 한 형태다. 해외 시장에서 K뷰티 돌풍을 일으키고 있는 구다이글로벌의 조선미녀Beauty of Joseon는 한국인들에게 낯선 브랜드다. 너무나 옛스러운 '조선'이란 단어에 '미녀'란 단어를 덧붙이는 감성은 다소 충격적이기까지 하다. 한국인에게는 결코 통하지 않을 이름이지만 외국인들에게는 자연스럽게 '한방 원료'를 떠올리게 해 오히려 '멋지게gorgeous' 들린다는 것이다.[13] 실제로 조선미녀의 핵심 가치이자 다소 어려울 수 있는 '한방 원료' 개념을 '조선'과 '미녀'라는 콘셉트로 쉽게 풀어내며 글로벌 소비자를 제대로 공략했다.

데이터부터 기획까지 유통사가 키운다

K뷰티의 기획력이 향상된 데는 유통사의 기여도 절대적이다. 유통사가 보유한 데이터를 기반으로 정보가 부족한 인디 브랜드를 지원할 수 있기 때문이다. K뷰티의 대표 유통사인 올리브영은 단순한 판매에서 한 걸음 더 나아간다. 입점 브랜드를 홍보하는 마케팅 활동은 기본이고, 작은 중소 브랜드가 더 좋은 제품을 만들 수 있도록 제품 연구개발R&D이나 기획 단계에서부터 협업을 시작한다.

일반 유통업체 MD의 역할이 입점 업체들과 제품 가격·판매 기간·진열 위치 등을 논의하는 것에 그친다면, 올리브영의 MD들은 신제품 개발 과정에서부터 신경 쓴다. 예를 들어, 화장품 용기 바닥이 좁은 원형일 경우 쓰러질 위험이 있어 사각형으로 변경하자고 조언하거나, 500㎖ 용량이 현재 소비 패턴에 맞지 않으니 300㎖로 축소하는 것은 어떤지, 또는 브랜드 로고 위치가 매장에서 잘 보이지 않을 수 있으니 더 상단으로 옮기자고 설득하는 식이다.[14] 뷰티 브랜드사가 소비자 니즈에 적합한 상품을 출시해야만 올리브영 매출도 함께 성장할 수 있기 때문에, 기획 단계에서부터 적극적으로 협업하는 것이다. 이런 노력의 결과, 올리브영에서 판매하는 상품 중 올리브영과 중소 업체가 공동 기획한 제품 비율이 약 20%에 달한다.[15] 이렇게 만들어진 인디 브랜드의 상품에는 올리브영의 노하우가 함께 녹아 있다.

유통사가 개별 브랜드의 기획력 향상에 기여할 수 있는 근원적인 이유는 유통사만이 시장 전반의 통합 데이터를 보유하고 있기 때문이다. 개별 브랜드는 오직 자사 제품의 데이터만 파악할 수 있는 반면, 다양한 브랜드와 여러 뷰티 카테고리를 아우르는 유통업체는 훨씬 포괄적인 시장 데이터를 축적하고 있다. 그래서 어떤 뷰티 카테고리가 향후 성장 잠재력이 높은지, 어떤 성분을 함유한 제품들이 소비자들에게 더 긍정적인 반응을 얻고 있는지를 개별 뷰티 기업보다 한 걸음 빠르게 포착할 수 있다.

올리브영의 경우 공급망 관리SCM, Supply Chain Management 전담 조직이 자동발주 시스템과 실물 재고관리를 총괄하고 있는데, 이를 최적화하는 과정에서 다양한 인사이트를 얻기도 한다. 가령 특정 상품이 매장에 진열된 후 실제 판매까지 걸리는 기간을 나타내는 재고보유일SHD, Stock Holding Days을 바탕으로 다양한 의사결정을 내릴 수 있다. 만약 어떤 상품이 매장에 체류하는 기간이 평균보다 길다면, 그 원인을 분석하는 동시에 해당 제품의 판매 촉진을 위한 맞춤형 프로모션 전략을 제안한다. 재고관리 과정에서 축적된 판매 데이터를 바탕으로 제품 진열 위치 결정, 마케팅 전략 수립, 심지어 제품 단종 여부까지 종합적으로 판단할 수 있다.

이를 바탕으로 브랜드의 전반적인 육성 기능을 수행하는 것이 MD 조직이다. 자사의 기획 역량을 강화하는 핵심 구성원인 MD들은 한 자리에 모여, 뷰티 업계의 인사이트를 공유하고 전략을 논의하는 플랫폼 역할을 담당한다. 카테고리별 매출 성과를 분석하고, 향후 진행될 캠페인 계획을 공유하는 한편, 시장에서 부상하고 있는 새로운 상품 콘셉트나 트렌드에 대한 정보도 함께 나눈다.[16] 마치 해당 제품의 기획자인 것처럼, 고객사의 상품을 더 잘 판매하기 위한 전략을 전방위적으로 고민하는 것이다. 이렇게 발굴된 인사이트는 다시 뷰티 브랜드의 기획력을 높이고 새로운 브랜드를 육성하는 데 활용된다.

올리브영에서는 매년 협력사를 대상으로 최근 뷰티 트렌드를 공유하는 시간도 갖는다. '파트너스 데이'가 모든 협력사를 모아놓고 진행하는 행사라면, '전략 미팅'은 개별 협력사를 대상으로 마켓 트렌드와 MD 전략을 공유하는 시간이다. 일대일로 만나 진행하는 형태로 개인 과외에 가깝다. 예를 들어 "앞으로 기초제품 시장에서는 에센스가 중요해질 것으로 예상되는데, 그중에서도 모공 탄력이 키워드로 부상할 것 같다. 그래서 해당 브랜드에서 모공 탄력 세럼과 마스크팩을 개발해보는 것이 어떨까"와 같은 식으로 구체적이고 개별적인 전략을 제안하는 것이다.

설계

지루할 틈을 주지 않는 새로움, 테마

> BB크림, CC크림, 시트 마스크, 쿠션, 헤어 워터 트리트먼트, 시카&배리어 크림….

모두 한국에서 시작해 전 세계로 퍼진 새로운 뷰티 아이템이다. K뷰티는 혁신적인 테마를 선제적으로 제안해 소비자에게 지루할 틈을 주지 않는다. 소비자가 늘 새롭다고 느낄 수 있도록 만드는 힘, 이것이야말로 K뷰티만이 보유한 기획력이다. 제품을 뛰어넘는 매력적인 테마는 어떻게 기획해낼 수 있을까?

> - 햇볕이 내리쬐도, 비가 와도, 흐려도…
>   선크림은 꼼꼼히(2013.07.29.)
> - 방심은 금물, 자외선 차단에는 365일이 필요하다

(2016.11.10.)

- 1년 365일 필요한 선크림, 인생 선크림 찾아

사시사철 선 케어(2018.01.17)

    2010년대 중반 신문기사의 헤드라인들이다. 어딘가 익숙하지 않은가? 지금은 당연하게 받아들여지는 "흐린 날에도 선크림을 발라야 한다"는 '365일 선크림' 캠페인이다. 원래 선크림은 강한 햇빛으로 인한 화상을 예방하기 위해 한여름 해수욕장에서나 바르는 것이었다. 하지만 어느새 주름·기미·주근깨를 예방하기 위해 매일 사용해야 하는 필수 아이템이 됐다. 선크림의 상시 사용에는 캠페인뿐만 아니라 제품 자체의 혁신도 뒷받침됐다. 과거의 뻑뻑하고 백탁 현상이 심했던 선크림에서 벗어나, 로션·에센스·스틱 등 사용하기 편리한 제형의 제품들이 출시됐다. 여기에 미백이나 주름 개선 등 기능성을 추가한 선블록 등이 잇달아 성공하면서 선크림은 소비자의 '필수 스킨케어' 단계로 자리 잡았다. 공급이 수요를 창출한 것이다. 테마의 힘이다.

    "매일 마스크팩을 하며 피부가 좋아진다"는 생각도 실은 K뷰티가 기획한 테마 마케팅의 결과다. 일명 '1일 1팩 운동'은 이니스프리·에뛰드하우스·더페이스샵 등 1세대 K뷰티 로드숍 브랜드들이 저렴하면서도 다양한 종류의 마스크팩을 합리적인 가격으로 출시하면서 시작됐다. 이후 메디힐·닥터자르트·차앤박 등 중소 브랜드도 '10매 구매하면, 10매 증정 행사' 혹은 '30매들이 세트'와 같은 기획 상품을 잇달아 출시하며 그간 고가로 인식되던 마스크팩 시장의 진입장벽을 낮췄다.[17]

색조 카테고리 붐업 역시 '퍼스널 컬러'라는 새로운 테마를 중심으로 성장했다. 롬앤의 크리에이터 디렉터로 활동하며 '쥬시 래스팅 틴트', '배러 댄 아이즈' 등 각종 히트상품을 선보였던 민새롬 씨는 '퍼스널 컬러'라는 콘셉트로 이 열풍을 주도했다. 퍼스널 컬러란 개인의 피부톤을 웜톤과 쿨톤으로 나누고, 이를 다시 봄·여름·가을·겨울 각각에 어울리는 색으로 분류한 후, 그 안에서도 스트롱·비비드·뮤트 톤으로 세분화하는 시스템이다. 과거 '만능 색상' 몇 가지로만 구성되던 색조 제품이 퍼스널 컬러 흐름을 타면서 활기를 띠기 시작했다. 천편일률적인 색상에 지루함을 느끼던 소비자들은 자신만의 색상을 찾는 과정에서 색조 화장품에 대한 관심이 높아졌고, 브랜드들 역시 이 흐름에 발맞춰 다양한 제품 라인을 출시하며 시장 확대에 동참했다.[18]

최근에는 신수요를 만드는 기획력이 점차 '공급자 언어'에서 '고객 언어'로 바뀌고 있다. 예를 들어, 예전에는 "화장은 하는 것만큼 지우는 것이 중요하기 때문에 클렌징에 신경써야 한다"는 캐치프라이즈를 만들고, '클렌징 케어'라는 테마를 제안했다. '클렌징'에는 화장을 지우는 리무버에서부터 폼클렌저까지 각종 클렌징과 관련된 상품들이 포함되므로, 공급자 관점의 제품 카테고리라고 볼 수 있다. 반면 요즘은 소비자가 관심을 가질 만한 주제를 중심으로 상품을 큐레이션한다. 예를 들어, 올리브영은 2020년부터 '클린뷰티 Clean Beauty' 테마를 제안하고 있다. 이는 파라벤·합성향료·설페이트 등 피부 자극에 우려스러운 성분을 배제하고 안전한 성분으로 만들어진 뷰티 상품을 지향하는 것으로, "내 피부에 나쁜 성분을 사용하고 싶지 않다"는 소비자 니즈가 그 출발점이었다. 클린뷰티라는 카테고리 안에는 기초 화장품부터 클렌징 제품, 헤어&바디 제품, 심지어 색조 화장품에 이르기까지 다양한 상품군이 포함된다. 과거 개별 카테고리의 수요를 만들던 것에서, 카테고리의 경계를 없앤 '테마 큐레이션'으로 시장을 한층 키운 것이다.

 이처럼 고객 니즈 중심으로 테마를 설정하고 상품을 큐레이션하는 전략은 K뷰티의 성장에 크게 기여했다. 우선 소비자들에게 재미를 준다. 가령 '클린뷰티'라는 카테고리 안에서 여러 브랜드를 비교하며 제품을 구매할 수 있기 때문에 '구매 행동'이 '탐색'이라는 놀이로 전환된다. 뷰티 기업에도 이롭다. 소비자 니즈에 최적화된 제품을 개발하는 과정에서 다양한 인디 브랜드들이 경쟁력 있는 브랜드로 거듭나기도 한다. 클린뷰티 1세대인 아이소이 ISOI는 물론, 에스네이처·토리든·구달·아비브·라운드랩·메이크프렘 등 최근 주목받고 있는 대부분의 브랜드가 클린뷰티 키워드를 바탕으로 성장했다.[19] 올리브영은 클린뷰티뿐만 아니라 2022년에는 동물성 원료 사용을 지양하고 동물실험을 반대하는 비건뷰티Vegan Beauty, 2023년에는 건강한 아름다움을 유지하며 천천히 나이 드는 슬로우에이징Slow Aging, 2024년에는 뷰티의 영역을 두피와 바디 영역까지 확장한 스키니피케이션Skinification에 이르기까지 다양한 테마를 기획하며 해당 분야의 시장을 선도하고 있다.[20]

성분·제형·패키지까지, 차세대 콘셉트 발굴

K뷰티가 보유한 기획력의 또 다른 특징은 현재 유행하는 테마 이후 도래할 차세대 콘셉트를 발굴해 선도적으로 제안한다는 점이다. 한 마디로 선구안이 좋다. 이러한 차세대 콘셉트 발굴 역량이야말로 글로벌 뷰티 시장에서 K뷰티가 크게 주목받는 이유다.

최근 K뷰티가 글로벌 시장에서 큰 반향을 일으키고 있는 키워드는 단연 '더마뷰티'다. 더마코스메틱Dermocosmetic은 피부과학Dermatology과 화장품Cosmetic을 결합한 용어로, 미국과 유럽에서는 주로 '약국 화장품'으로 불린다. 의약품과 화장품의 특성을 결합해 아토피 등 피부 문제를 해결하기 위한 고기능성 제품들이 이에 해당된다. 국내 더마뷰티는 2010년대 초반 아벤느·라로슈포제·유리아쥬 등 유럽 약국

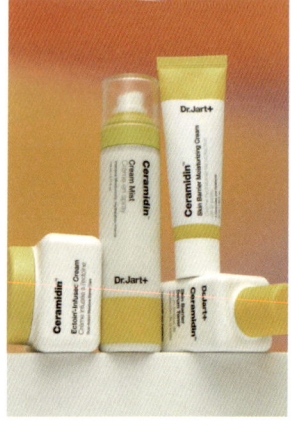

에스트라, 닥터자르트

피부 문제를 해결하는 고기능 '더마뷰티'에 일찌감치 주목한 K뷰티는 특히 이 분야에서 강세를 보이고 있다.

브랜드가 수입되면서 시작되었다. 하지만 이 흐름이 본격화된 시기는 2015년 이후로, 에스트라·닥터자르트·이지듀·메디힐 등 K뷰티 브랜드들이 더마 라인의 강자로 부상하면서부터다.

주목할 점은 K뷰티 브랜드들이 더마뷰티 개념을 지속적으로 발전시켜왔다는 사실이다. 2012년 브랜드가 만들어진 이후 2018년까지 병원에서만 판매하다가 올리브영 입점을 기점으로 K더마뷰티 시장의 성장을 이끌고 있는 에스트라^AESTURA는 K더마뷰티를 새롭게 정의한 대표 주자다. 더마의 기본인 안전성에 기능성을 더한 에스트라는 단순히 순한 화장품을 넘어 여드름·홍조·극건성 같은 피부 고민에 특화된 솔루션을 제공한다. 이러한 노력에 힘입어 국내 더마뷰티 시장 규모는 2017년 5,000억 원에서 2022년 4조 5,325억 원으로 성장하며 뷰티 시장의 핵심 카테고리로 자리 잡았다.[21]

> 달팽이 점액·콜라겐·녹차·화산송이·동백·시카·프로폴리스·쑥·어성초·자작나무 수액·쌀…

K뷰티의 또 다른 매력은 차별화된 '성분'이다. 화장품에 다양한 성분이 활용되는 것은 당연한 얘기지만, K뷰티가 인상적인 점은 '차세대 성분'을 가장 먼저 기획해 전 세계로 확산시킨다는 점이다. 예를 들어, 노화 방지 성분으로 잘 알려진 '레티놀'이 각광받을 때, K뷰티는 식물성 레티놀로 불리는 바쿠치올^Bakuchiol 같은 차세대 성분을 미리 준비한다. 최근 연어 정소 DNA에서 추출한 PDRN^Polydeoxyribonucleotide이 세포 재생과 피부 회복을 돕는 고기능성 성분으로 인기를 끌자, 녹차 등에서 추출한 비동물성 PDRN을 차세대 성분으로 이미 연구하고 있다.[22] 단순히 특정 성분을 중심으로

인기몰이를 하기보다는 지속적으로 차세대 흐름을 기획해 새로움을 선사하는 것이다.

 '제형' 부문에서도 K뷰티의 차세대 기획력은 탁월하다. 클렌저는 액체, 블러셔는 고체라는 고정관념에서 벗어나 새로운 제형의 상품들이 끊임없이 개발된다. 아렌시아^{Arencia}의 '떡숍 프레시 클렌저'는 일반 액체형 세안제와 달리 쫀득한 찰떡 같은 제형으로 팩처럼 활용할 수 있는 독특한 세안제다. 색조 시장도 기존 제형의 경계를 허문다. 가루를 눌러 만든 프레스드 파우더가 인기를 끌었고, 팔레트형 제품이 주를 이루는 아이섀도 카테고리에는 발림성이 부드럽고 휴대가 편한 스틱형 제품이 출시됐다. 주로 베이스 메이크업 제품에 사용되던 쿠션 형태는 얼굴의 윤곽과 입체감을 살리기 위해 블러셔나 음영을 주는 컨투어링 상품으로까지 확대되었다. 마스크팩 역시 일반적인 시트 마스크부터 말랑하고 투명한 젤 같은 질감의 젤^{Gel} 마스크까지 다양한 제형으로 진화하고 있다.

 성분과 제형 다음으로 K뷰티가 주목하고 있는 차세대 콘셉트는 '패키지 디자인'이다. 차별화된 성분과 제형이 뷰티 시장의 기본 속성으로 자리 잡으면서, 이제는 이를 담아내는 용기에 새로움을 더하는 것이다. 귀엽고 앙증맞은 패키지 디자인으로 유명한 퓌^{Fwee}는 가방에 달고 다닐 수 있는 키링 형태로 '포켓 아이섀도 팔레트'를 선보였다. 어뮤즈AMUSE는 손가락에 끼울 수 있는 반지 모양의 립밤을 출시해 화제를 모았다. 코랄헤이즈Coralhaze의 '글로우 락 젤리 틴트'는 이름 그대로 '자물쇠' 모양 용기로 매력을 높였다. 'PDRN 눈물 세럼'으로 불린 아누아의 'PDRN 히알루론산 캡슐 100 세럼'은 일회용 인공눈물 같은 개별 포장으로 편의성·위생·재미를 모두 잡았다.

최근 차세대 패키지 기획은 독특한 디자인에서 한 단계 더 나아가 화장품이 환경에 미치는 영향을 최소화하는 친환경 용기를 통해 클린뷰티의 개념을 성분에서 패키지로까지 확장하고 있다. 지속가능한 패키지 프로젝트를 진행하고 있는 토리든Torriden은 말랑한 플라스틱을 사용해 별도 펌프 없이도 내용물이 잘 나오도록 디자인하고, 모든 용기에 '이지 오프 라벨'을 적용해 라벨을 쉽게 떼어 분리배출할 수 있도록 했다. 또한 모든 패키지에 100% 재활용 지류와 소이잉크 프린트를 적용하는 등 재활용 원료 사용을 확대하고 있다. 유럽연합EU이 2030년까지 모든 소비재 포장재를 100% 재활용·재사용 가능하도록 의무화한다고 발표한 만큼, K뷰티 브랜드의 이러한 노력은 향후 글로벌 시장에서 중요한 경쟁력으로 부상할 전망이다.

색다른 경험을 선사하는 매장과 이벤트

유통 매장에서 제품을 진열하는 가장 손쉬운 방법은 바로

'브랜드별'로 전시하는 것이다. 대표적으로 백화점과 면세점이 그렇다. 각 브랜드에서 제품을 관리하고 진열하는 직원을 고용하기 때문에 유통사 입장에서는 비용도 절약할 수 있다. 이런 방식이 편의점으로 오면 '목적별'로 바뀐다. 음료수는 음료수끼리, 라면은 라면끼리 유사 품목을 묶어 배열한다. 손님이 한번에 여러 브랜드를 비교하도록 돕는 것이다. 고객 입장에서는 어떤 방식이 더 편리할까? 당연히 제품 유형별로 전시돼야 비교하고 고르기 쉬울 것이다. 시장이 고객 지향적으로 바뀌면서, 유통사의 진열 방식도 바뀌고 있다. 2025년 2월, 글로벌 오프라인 뷰티편집숍인 세포라 Sephora는 향후 5년간 북미의 모든 매장을 브랜드 중심에서 네 가지 핵심 카테고리(메이크업·스킨케어·향수·헤어케어) 중심으로 배치하는 대대적인 개편 전략을 발표하기도 했다.[23]

올리브영은 제품 유형별 카테고리에서 한 걸음 더 나아가 '소비자 니즈' 중심의 카테고리 전략을 오프라인에서도 구사한다. 민감한 피부에도 안전한 상품들을 모아둔 클린뷰티 존, 모공·잡티·탄력 등 피부 고민별로 상품을 보여주는 슬로우에이징 매대처럼 상품 배치를 새롭게 분류해 진열한다. 뷰티 시장의 핵심 트렌드를 수시로 파악하고, 이를 중심으로 상품과 브랜드를 완전히 재배치하는 것이다.

니즈 중심으로 상품을 수시로 배치하면, 소비자는 같은 매장을 매일 방문해도 지루함을 느끼지 않는다. 우선 "아,

올리브영

일반적인 카테고리별 진열에서 벗어난 '발견형 쇼핑' 전략과 엔터테인먼트 성격을 결합한 '올리브영 페스타'는 경험경제의 최전선이라고 할 수 있다.

요즘 뷰티 시장에서는 이런 트렌드가 유행이구나" 하고 탐색하는 과정에서 자신의 관심사를 찾아가는 '발견형 쇼핑'을 즐길 수 있다. 많은 제품들 사이에 섞여 그동안 눈에 띄지 않던 상품이 새로운 테마에 따라 위치만 변동되었을 뿐인데도, 이 제품을 마치 신제품처럼 인식하게 된다.

또한 니즈 중심의 진열은 소비자의 구매를 확대하는 데도 유리하다. 구매가 연쇄적으로 일어나기 때문이다. 예를 들어 쿠션 제품이 잘 팔리면, 사람들은 자연스럽게 메이크업이 잘 무너지지 않도록 도와주는 픽서 제품에 관심을 갖게 된다. 메이크업을 수정하는 뷰티 소품은 물론이고, 심지어 메이크업을 지우는 클렌저 제품까지 연쇄적으로 팔린다. 하나의 제품에서 다른 제품으로 구매가 이어지도록 엮는 일종의 업그레이드인 셈이다.

경험 기획은 마케팅 영역에서도 중요하다. 요즘에는 단순히 소비자의 눈길을 끄는 일회성 이벤트가 아니라, 뷰티를 재미있게 경험할 수 있는 뷰티테인먼트 콘셉트로 마케팅이 펼쳐진다. 대표적으로 K뷰티 브랜드와 올리브영이 매년 함께 진행하는 오프라인 축제인 '올리브영 페스타'를 들 수 있다. 하루 입장권 가격이 4만 원을 훌쩍 넘는데도 불구하고, 판매 시작과 동시에 10초 내로 매진될 정도로 인기가 높다. 이 역시 탁월한 기획력을 바탕으로 매년 새로운 테마로 진행되는데, 2025년에는 서울 노들섬에서 '보물섬' 콘셉트로 구성됐다. 노들섬 전체를 K뷰티 브랜드로 꾸며 참가자들이 마치 보물을 찾듯 탐험할 수 있도록 공간을 구성했다. 테마파크를 방불케 하는 규모의 이 행사에서 참석자들은 부스를 돌아다니고 재미있는 게임을 즐기며 브랜드와의 친밀도를 높인다. 단순히 제품을 전시하는 박람회가 아니라, 소비자가 행사에 직접 참여해 놀고, 느끼고, 기억하게 만드는 것이다.

어제의 내가 가장 두려운 적이다

K뷰티 브랜드는 소비자의 마음을 읽고, 시장의 틈새를 찾아내며, 때로는 실패를 딛고 일어서는 과정을 반복하며 기획력을 키워왔다. K뷰티가, 나아가 K산업 전체가 글로벌 시장에서 지속적으로 성공하려면 이 기획력 역시 한 단계 도약해야 한다. 최근 패션 업계의 변화가 좋은 참고 사례다. 저가 경쟁에 몰두하는 중국의 쉬인, 샵사이다 같은 브랜드들이 시장을 잠식하자 자라와 유니클로 같은 기존 패스트패션 브랜드들은 친환경 혁신과 첨단기술 도입으로 차별화에 성공한 바 있다.[24] K뷰티 산업도 마찬가지다. 국내 시장에서 검증받은 기획력을 글로벌 관점에서 한 단계 더 끌어올려야 하는 전환점에 서 있다.

한국에서 1세대 더마 화장품으로 인기를 얻었던 아벤

느Avène와 라로슈포제La Roche-Posay의 엇갈린 행보는 기획력 측면에서 K뷰티가 나아가야 할 방향에 대해 시사하는 바가 크다. 두 브랜드는 2010년대 한국 시장을 휩쓸었던 약국 화장품들이다. 모두 '프랑스 온천수'라는 공통분모로 미네랄 성분과 피부 안전성을 내세웠지만 세월이 흐르면서 두 브랜드는 시로 다른 길을 걷게 됐다. 아벤느는 여전히 '프랑스 온천수'라는 과거의 영광에 머물렀던 반면, 라로슈포제는 지속적으로 혁신했다. 피부과 의사들이 직접 참여하는 콘텐츠를 제작하고, 제품 사용 전과 후의 효과를 비교하며, 전문적이고 구체적인 정보를 제공하는 등 '더마톨로지스트Dermatologist'로 콘셉트를 완전히 전환했다. 이후 두 브랜드가 국내외에서 보여주는 성과를 비교해보면, K뷰티가 나아가야 할 방향은 분명해 보인다.

시대는 변한다. 소비자의 니즈도 변한다. 현재 인기를 얻고 있더라도, 시대 변화에 맞춰 콘셉트를 바꾸고 새롭게 기획하지 않으면 10년 후, 20년 후 생존을 장담할 수 없다. K뷰티는 탁월한 기획력을 바탕으로 지금의 성공을 만들었다. 이제는 그 성공에 안주하지 말고, 스스로를 가장 강력한 경쟁상대로 여겨야 한다. 더욱 소비자 지향적이고, 더욱 글로벌한 기획을 해낼 수 있을 때, 비로소 K뷰티의 지속가능한 미래를 꿈꿀 수 있을 것이다. K뷰티 최대의 적은 지금까지의 성공 체험이다.

Do it! Like K-Beauty

1. 데이터를 통해 고객의 불만사항을 해결하라.
데이터는 이제 고객을 관리하는 정보가 아니라 탁월한 기획력을 가능하게 하는 자료다. 상품, 브랜드, 산업의 페인 포인트는 차별화된 기획을 만드는 출발점이자 차세대 콘셉트를 발견할 수 있는 근간이다.

2. 원료, 패키지, 공간 등 다방면으로 활용할 수 있는 '테마'를 설계하라.
클린뷰티, 비건뷰티, 더마뷰티 등 K뷰티가 선보인 테마는 제품 성분부터 용기, 매장 진열이나 이벤트와 축제까지 다방면으로 구현된다. 테마는 우리 제품과 브랜드가 속한 시장, 산업을 키우는 교두보가 되어줄 것이다.

3. 소비자로부터 시작하는, 역기획을 하라.
좋은 상품을 만든 후에 소비자에게 소구하는 것이 아니라 소비자 지향적인 질문에서 기획을 시작해야 한다. 소비자가 뷰티 제품을 사용하는 상황과 맥락을 먼저 이해한 후, 상품의 핵심 속성을 발굴하는 것이다. 아예 기존 공식을 거부하거나 뒤집으면서, 문화적인 고정관념을 타파하는 것도 새로운 가능성을 탐색하는 방식이 될 수 있다.

2

속도력

신유통 타고 가속화하는 K뷰티

K-BEAUTY TREND

한국인의 특성을 가장 잘 표현하는 말은 무엇일까? 아마 제일 먼저 떠오르는 것이 '빨리빨리'일 것이다. 외국인이 한국에 오면 가장 먼저 배우는 말이 '안녕하세요'나 '감사합니다'가 아닌 '빨리빨리'라는 우스갯소리가 있듯, 한국 특유의 속도감은 세계적으로 유명하다. 외국에서 생활해본 사람이라면, 폰에서 클릭 몇 번 하면 상품이 당일 배송되고, 민원서류를 온라인이나 키오스크에서 즉시 발급받을 수 있는 한국의 시스템이 매우 편리하다는 걸 체감하게 된다. 대한민국은 전 세계에서 보기 드문 '빨리빨리' 문화로, 오랜 시간에 걸쳐 속도 중심의 문화를 체화해왔다.

비즈니스 역시 마찬가지다. 서울 동대문의 패션타운은 오래전부터 '24시간 리드타임'으로 유명하다. 디자이너 1만

명과 생산공장 2만 곳이 긴밀하게 연결돼 있어, 기획부터 샘플링·제작·유통까지 단 하루 만에 끝나는 놀라운 속도를 자랑한다. 패스트 패션 브랜드, 자라의 회장이 동대문을 방문해 "이곳이 자라 비즈니스 모델의 원조"라며 감탄했다는 일화는 전설처럼 회자된다.[1]

    패션뿐만 아니라 뷰티도 마찬가지다. K뷰티의 성공요인을 이야기할 때 '속도'는 빠지기 어려운 키워드다. 속도에 특화된 체제라고 일컬을 만한 한국 뷰티 산업은 급변하는 글로벌 Z세대 소비자의 니즈를 민첩하게 반영한 제품 출시는 물론이고, 매일 달라지는 플랫폼 기반 유통 환경에도 실시간 대응한다.

> 한국은 정말 빨라요. 외국은 제품 하나 개발하는 데 2년 걸리는데, 우리는 빠르면 3개월 만에 개발이 가능하거든요.
> _대한화장품협회 임원

> 고객 중심의 신속하고 빠른 대응이 필수예요. 늘 트렌드에 민감해야 하고, 빠르게 제품을 출시해야 하다 보니까, 사실 이걸 할 수 있는 나라가 대한민국이 유일하지 않을까 싶어요.
> _한국콜마 임원

> K뷰티 성공의 핵심은 사실 스피드죠. 요즘 Z세대는 바이럴

콘텐츠에서 계속 새로운 걸 탐색하잖아요. 이 스피드에 빠르게 대응하는 게 핵심이에요. _LG생활건강 임원

한국의 장점은 정신을 못 차릴 정도로 빠르게 대응하고, 유행을 선도한다는 거죠. 이게 한국의 힘이에요. _올리브영 임원

현대 디지털 경제에서 속도는 단순한 미덕이 아니라 경쟁력의 원천이다. 분야를 불문하고 오늘날 세계 산업은 '속도'라는 새로운 패러다임으로 전환되고 있다. 한때 기업 경쟁력의 상징이던 '규모의 경제'는 힘을 잃고 이제 '속도의 경제'가 부상한다. 과거에는 신중한 계획과 정교한 리스크 관리가 기업의 생존 전략이었다면, 오늘날에는 급변하는 시장이 이러한 전략을 모두 무력화시킨다. 틱톡을 비롯한 SNS 플랫폼에서는 하룻밤 사이에 유행이 바뀌고, 예상치 못한 바이럴 콘텐츠 하나로 글로벌 수요가 폭발하는 일이 발생한다. AI 기술은 상상을 초월하는 속도로 일하는 방식을 바꾸고 있으며, 글로벌 정세와 물류 흐름도 하루가 멀다 하고 변동한다. 소비자 역시 더 이상 브랜드에 오래 충성하기보다 재미와 신속함을 요구하고 있다.

이러한 상황에서 필요한 것은 신중한 계획보다 가설을 빠르게 검증하고 즉각적으로 실행하는 민첩한 대응 능력이다. 우리는 이것을 '속도력'이라고 부르고자 한다. K뷰티의

핵심 역량인 '속도력'은 '상품 기획부터 생산·유통·조직 운영까지 전 과정에서 변화에 즉각 반응하고 실행하는 민첩한 추진력'을 뜻한다. 지금부터 K뷰티의 속도력을 유통의 영역과 제품 개발로 나눠 살펴보자.

리테일 속도력

제품이 아무리 빠르게 생산된다 하더라도, 그 속도를 받아줄 유통이 없다면 무용지물이다. K뷰티가 '진짜 빠르다'고 평가받는 이유 중 하나는 쉴 틈 없이 진화하는 빠른 유통 시스템 덕분이기도 하다. 이것을 우리는 '리테일 속도력'이라고 부르고자 한다. 불가능을 가능하게 한 속도전의 오프라인 전략부터 24시간 공중전을 불사르는 온라인 전략까지, K뷰티의 리테일 속도력을 살펴보자.

늘 새롭게, 팝업 스토어 전성시대

지금까지 오프라인 매장은 고정 비용이 크고 변화에 둔감한 유통 채널로 여겨졌다. 수년 단위의 임대 계약, 막대한 비용, 상권 선점 전략 등은 부동산 중심의 구조를 고착화했다. 하지만 트렌드 주기가 점점 짧아지면서 오프라인 매장에도 빠르고 유연한 대응이 요구되고, 속도력은 핵심 경쟁 요소로

부상했다. 이런 변화에 재빨리 반응하는 이른바 '카멜레온형' 매장의 등장이 바로 그것이다.

현 시점에서 K뷰티의 모든 것을 가장 잘 보여주는 오프라인 공간은 올리브영이다. 국내 1,370여 개의 매장을 보유하고 있는 올리브영은 매장 수만으로도 강력한 존재감을 뽐내고 있지만, 시시각각 변화하는 트렌드에 대응해 매번 색다른 공간을 시도하며 업계에 신선함을 선사하고 있다.

올리브영 매장은 언뜻 보기에 대부분 비슷해 보이지만, K뷰티 트렌드와 소비자의 니즈를 철저히 반영한 전략적인 공간이다. 데이터 기반의 상품 운영 전략으로 어떤 상품이 얼마나 빨리 팔리는지를 점검하며, 카테고리별 매출 흐름과 소비자 반응을 수시로 분석한다. 주택, 대학가, 오피스, 관광지 등 상권별로 고객 소비 데이터를 분석해 매장마다 특정 카테고리를 부각하거나, 연계된 서비스 공간을 별도로 마련하기도 한다. 하나의 매대 안에서도 고객들의 쇼핑 여정이나 시즌, 인기 트렌드 등을 면밀히 고려해 상품을 배치하고, 주기적으로 변경한다. 이를 통해 물리적으로 한정된 오프라인 공간을 효율적으로 운용하면서 동시에 변화에 신속히 대응하는 것이 가능해졌다. 올리브영을 찾는 고객들은 지루할 틈 없이 매번 새로운 K뷰티를 접할 수 있는 셈이다.

차별화된 고객 경험을 제공하려는 올리브영의 노력은 혁신 매장 '올리브영N 성수'에서 꽃을 피웠다. 상품을 판매하는 공간에서 나아가, 고객들이 매장에서 오랜 시간을 체류하며 다채로운 체험을 해볼 수 있도록 구성했다. 다양한 상품을 갖추는 것은 물론이고, 큐레이션, 공간 디자인, 체험 요소, 서비스 등 모든 측면에서 기존 올리브영 매장과 다르게 기획해 국내외 고객들에게 큰 호응을 얻고 있다.

K뷰티 트렌드가 어느 때보다도 빠르게 변화하고 있는 지금, 올리브영과 같은 리테일러뿐만 아니라 브랜드사들도 오프라인 공간을 적극적으로 활용하고 있다. 대표적인 사례가 '팝업 스토어'다. 올리브영은 N 성수 매장뿐만 아니라 홍대, 강남, 명동 등 핵심 상권에 위치한 대형 매장에서 매월 2주에서 한 달 주기로 입점 브랜드사와 협업해 팝업 스토어를 연다. 실시간으로 트렌드에 대응할 뿐만 아니라 올리브영에 입점한 브랜드들이 좀 더 고객들과 효과적으로 만날 수 있는 장을 마련하는 것이다. 개별 브랜드사도 신제품 출시 등에 맞춰 팝업 스토어를 필수로 여기는 추세다.

최근 미국과 일본에서도 K뷰티 브랜드들의 팝업 기간이 짧아지고 있다. 과거에는 인지도 확보를 위해 한 달가량 팝업 스토어를 운영하는 방식이 일반적이었지만, 최근에는 짧은 기간 동안 강렬한 콘셉트나 신제품을 선보이고, 소셜 미디어를 통한 바이럴 효과를 노리는 전략이 주를 이룬다. 메디큐브 medicube는 2025년 3월 미국 LA 멜로즈 거리에서 단 7일간 팝업 스토어를 열어 약 5,000여 명이 방문했다.[2]

이니스프리

메디힐

뷰티 브랜드 팝업 스토어의 성지로 떠오른 올리브영N 성수.
팝업 스토어 기간은 한 달에서, 10일 이제는 7일로 점점
짧아지고 있다.
메디큐브도 미국 LA에서 7일 동안 팝업 스토어를 열어
5,000여 명 이상의 방문 기록을 세웠다.

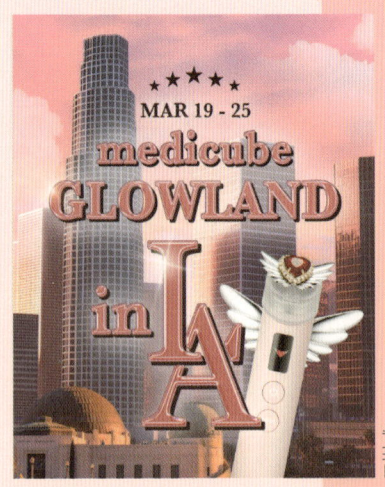

메디큐브

아누아ANUA는 일본의 뷰티 성지라 불리는 아토코스메@cosme 도쿄점과 오사카점에서 1월 중 각 7일간 팝업을 운영했다. 이는 빠르게 변하는 트렌드에 대응하고 소비자 집중도를 높이기 위한 전략으로 풀이된다.

옴니채널로 유통의 경계를 허물다

최근 유통 영역의 핵심 트렌드는 매장과 온라인의 통합, 즉 옴니채널 전략이다. 이 개념은 온라인 유통 초기부터 제안돼 왔지만, 관련 기술의 발달에 힘입어 최근 다시금 주목받고 있다. 예를 들어, 스마트 전자라벨-NFC 기반 상품 탐색 기술을 도입한 올리브영은 스마트폰을 매대의 전자라벨에 태깅만 하면 상품 상세 정보와 가격, 재고, 색상 비교 기능까지 실시간으로 제공한다. 이로써 오프라인 매장은 온라인 수준의 실시간 정보 기능을 갖추게 되었고, 전통적인 온·오프라인 유통의 경계는 빠르게 무너지고 있다. 과거 직원들이 직접 종이 가격표를 교체해야 했던 번거로움은 사라지고, 소비자 또한 QR코드 인식 없이도 휴대폰 뒷면을 갖다 대기만 하면 손쉽게 상품 정보를 확인할 수 있다.[3] 가격과 재고 변경이 자동화돼 온라인과 완벽히 동조화된 '실시간 단일 가격' 시스템이 실현된 것이다.

또 다른 옴니채널 전략의 일환으로, 올리브영은 오프라인 매장의 재고 현황을 앱에서 실시간으로 확인할 수 있는

'올영매장' 서비스를 도입했다. 이를 통해 전국 1,370여 개의 오프라인 매장과 온라인 채널 간의 연결이 강화됐고, 소비자는 근처 매장의 재고를 앱으로 확인하며 효율적으로 쇼핑할 수 있게 됐다. 이밖에도 올리브영은 오프라인 매장에서 구매한 상품의 후기를 온라인몰에도 남길 수 있도록 온·오프라인 통합 리뷰 서비스를 운영하는 등 매장과 온라인을 유기적으로 연결하며 채널 간 시너지를 강화하고 있다.

3시간 만에 해결되는 배송, 퀵커머스

K뷰티 유통 경쟁의 최전선은 배송이다. 실제로 국내 뷰티 업계는 퀵커머스의 격선시로 불리고 있다. 퀵커머스란 주문 후 한두 시간 만에 상품을 배송하는 서비스를 뜻하는데, 뷰티 퀵커머스의 등장으로 K뷰티의 속도력은 더욱 빨라졌다.

올리브영은 2018년 말 화장품 업계 최초로 당일 배송 서비스인 '오늘드림'을 도입하며 큰 주목을 받았다. 주문 후 세 시간 내 배송 또는 매장 픽업이 가능해 소비자에게 압도적인 편의성을 제공하는 형태다. 이렇게 파격적인 신속 배송이 가능한 이유는 전국 단위로 퍼져 있는 오프라인 매장들을 단순 판매 공간이 아닌 도심형 물류 거점으로 재정의했기 때문이다. 온라인 주문이 들어오면 배송지와 가장 가까운 매장의 재고를 활용해 곧바로 배송하는 방식으로, 온라인과 오프라인을 실시간으로 연결해 배송 경쟁력을 갖게 됐다.

　퀵커머스 자체는 완전히 새로운 개념은 아니다. 이미 신선식품 분야에서는 쿠팡의 '로켓배송' 또는 '로켓프레시'와 컬리의 '샛별배송'처럼 전날 밤에 주문하면 다음 날 아침 7시 전에 도착하는 서비스가 존재했다. "생필품도 아닌 화장품을 그렇게 빨리 받고 싶어 할까?"라는 우려가 없지 않았으나, 이는 '오늘드림'이 시행되자마자 깨끗이 사라졌다. 이 서비스 론칭 후 2019년부터 2023년까지 매출은 연평균 5배씩 성장했으며, 2023년에는 전체 온라인 주문의 36%가 오늘드림 서비스에서 발생했다.[4] 빨리빨리 소비자다운 요구에, 빨리빨리 대응한 성과라고 할 수 있다.

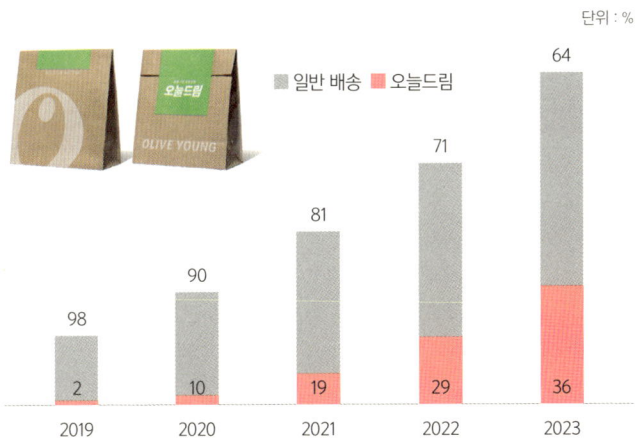

올리브영 온라인 주문에서 오늘드림 비중

출처 : 올리브영 자료 제공

글로벌 리테일, 실시간으로 세계에 진출하라

과거에는 한국 뷰티 제품이 해외 오프라인 매장에 진열되기까지 1년에 가까운 시간이 필요했다. 현지 파트너와의 계약·통관·물류 등 복잡한 절차를 거쳐야 했기 때문이다. 그러나 지금은 SNS 콘텐츠를 통해 해외 소비자에게 실시간으로 신제품을 알리고, 아마존·쇼피·큐텐 등 글로벌 이커머스에서 즉각 판매까지 이어지는 구조가 가능해졌다. 이제는 마음만 먹으면 글로벌 동시 론칭도 가능하다는 말이 나올 정도다.

이런 빠른 변화의 중심에 틱톡이 있다. 틱톡에서는 하나의 콘텐츠가 바이럴되면 곧이어 수백 개의 2차 콘텐츠가 생성되고, 즉각적인 구매로 이어진다. 브랜드 인지도를 서서히 쌓아왔던 전통적 방식이 아니라, 낯선 브랜드가 하루 아침에 스타 브랜드로 부상하는 것도 얼마든지 가능하다. 실제로 틱톡에서 #kbeauty 해시태그는 190만 개(2025년 6월 기준)를 넘어서며 K뷰티의 글로벌 인기를 입증하고 있다(대응력 참조).

틱톡 마케팅의 성패는 결국 '속도'에 달려 있다. 하루이틀 사이에 유행이 바뀌는 이 플랫폼에서는 타이밍을 놓치는 순간 기회도 사라진다. 따라서 우연히 발생한 트렌드나 밈을 얼마나 빠르게 감지하고, 이를 브랜드에 유리한 방향으로 전환해 콘텐츠화할 수 있는지가 성공의 핵심이다. 여기에 소비자들의 반응을 유도해 2차·3차 콘텐츠로 확산시키는 실행력이 더해지면, 그 파급력은 더욱 커진다. 최근 이러한 민첩성을 무기로 한 K뷰티 브랜드들이 잇달아 성공사례를 만들고 있다.

스킨케어 브랜드 아누아가 대표적인 사례다. 클렌징오일 사용 후 클렌징폼으로 한 번 더 씻어내는 '한국식 더블 클렌징'이 해외에서 주목받으면서, 아누아의 클렌징오일도 틱톡에서 입소문을 타기 시작했다. 한 틱톡 인플루언서가 올린 클렌징오일 영상에는 클렌징 전후의 모공과 피부 결 변화가 생생하게 담겨, 시각적으로 강한 인상을 남겼다. 이 영상에는 6,000만 개의 '좋아요'와 1만 건 이상의 댓글이 달렸고,[5] "모공이 정리된다", "자극 없이 매끈해진다"는 소비자 후기가 확산되며 빠르게 인기를 끌었다. 이후 어성초 토너와 PDRN 세럼 등 다른 제품들도 차례로 긍정적인 반응을 얻으며 브랜드 인지도를 높여왔고, 2024년 7월 틱톡숍에서 단일 브랜드 매출액 기준 1위를 달성했다. 같은 해 12월에는 아누아 관련 틱톡 콘텐츠 수는 12만 5,000개, 누적 조회 수는 24억 뷰를 돌파했다.[6]

메디큐브는 틱톡 마케팅 전략으로 해시태그 캠페인 #Medicubepartner를 운영하며, 수많은 인플루언서들이 콘텐츠 제작에 참여하도록 유도해 지속적인 바이럴 효과를 이끌어냈다. 그 과정에서 세계적인 인플루언서 카일리 제너가

아누아는 틱톡에서 클렌징 오일 리뷰가 6,000만 개의 '좋아요'를 받으며 입소문을 타기 시작하자 재빠르게 토너와 PDRN세럼을 추가하여 브랜드 인지도를 높였다. 그 결과 2024년 7월, 틱톡숍에서 단일 브랜드 매출액 기준 1위에 올랐다.

메디큐브의 제품을 사용하는 모습이 공개되며 브랜드 인지도에 큰 영향을 끼쳤고, 소비자 관심도 급증했다. 이후 메디큐브는 아마존에서 월 매출 1,320만 달러(한화로 약 150억 원)를 기록하며 12개월간 900% 이상 성장하는 성과를 달성한 것으로 알려졌다.[7]

틱톡이 글로벌 K뷰티 플랫폼으로 급부상한 배경에는 콘텐츠와 커머스가 통합된 판매 플랫폼 틱톡숍이 있다. 틱톡숍은 소비자가 콘텐츠를 보다가 바로 구매하는 구조인 만큼, 즉각적인 판매와 배송의 중요성이 강조된다. 이에 틱톡은 물류의 속도, 신뢰, 전환율을 높이기 위해 물류를 직접 통제하고자 자체 물류창고 시스템인 틱톡 풀필먼트 FBT, Fullfilled By TikTok를 도입했다. 현재 미국·영국·동남아 포함 8개국에서 FBT 시스템을 운영 중이며, 향후 유럽이나 남미 등으로 확대한다는 계획이다.[8]

한편, 큐텐과 아마존 같은 플랫폼의 카테고리별 일간 및 주간 랭킹 경쟁도 치열해지면서, 글로벌 유통환경의 실시간 경쟁은 더욱 격화되고 있다. 이러한 분위기에 발맞춰 올리브영은 K뷰티 제품들을 글로벌 시장에 효과적으로 진입시키기 위해 GTM Go-To-Market이라는 전담 조직을 신설하고, 미국·일본·동남아 등 각 지역의 틱톡커, 왕홍, 숏폼 크리에이터와 협업을 강화하며 현지 최적화 진출 전략을 전개하고 있다(대응력 참조).

제품 속도력

신제품 개발 주기 3개월, 이 속도가 가능한 유일한 나라

화장품 하나가 우리 손에 닿기까지 수많은 단계를 거쳐야 한다. 먼저 시장조사를 통해 아이디어를 발굴하고, 신제품 콘셉트를 기획하며, 성분을 개발하고, 제형을 정한 후, 제품을 생산한다. 틈틈이 패키지 디자인을 설계, 생산과 테스트를 거쳐 유통망을 확보하면서 최종 제품을 시장에 출시한다. 이 일련의 과정을 신제품 개발, 줄여서 NPD^{New Product Development}라고 부른다. K뷰티의 NPD는 압도적으로 빠르다. 단 3개월 만에 신제품을 출시하기도 한다. 글로벌 브랜드들과 비교하면 개발 속도가 수 배 이상 빠른, 세계에서 유례를 찾기 힘든 속도를 구현하고 있다.

글로벌 뷰티 브랜드들은 신제품 개발에 평균 1년 이상 소요된다. 개별 기업이 구체적인 개발 주기를 공개하지는 않지만, 일부 자료에 따르면 미국의 에스티로더^{Estée Lauder}는 18개월, 프랑스의 디올^{Dior}은 12개월, 미국의 메이블린^{Maybelline} 역시 12개월이 걸리는 것으로 알려져 있다.[9] 일본의 뷰티 브랜드들 또한 평균 12개월 이상의 개발 주기를 거치는 것으로 관측된다. 이렇게 오랜 개발 기간을 거쳐 출시한 제품은 되도록 장기적으로 판매하는 데 방점을 둔다.

2025년 3월, 일본의 대형 온라인 쇼핑몰 큐텐재팬은 K

뷰티의 성공 요인을 분석하는 흥미로운 컨퍼런스를 개최했다. 이 자리에서 K뷰티의 주요 성공 요인으로 속도가 꼽혔는데, 일본 전통 브랜드의 경우 신제품 론칭 주기가 3~5년으로 집계된 반면 K뷰티는 2~3달 만에 신제품이 출시되는 현실을 짚었다. 그러면서 이러한 속도감과 트렌디함이 일본 젊은 세대들에게 주효했다고 분석했다.[10] 과거 규모의 경제가 중시되던 시절에는 비교적 보수적인 일본 시장 특성상, 제품의 완성도와 브랜드 신뢰도를 높이는 J뷰티의 전략이 유효했다. 하지만 오늘날 글로벌 Z세대 소비자들은 끊임없이 새로운 콘텐츠를 소비하면서, 점차 새로움과 속도감에 더 매력을 느끼고 있다. 이는 데이터로도 확인된다. 지난 5년간 큐텐재팬에서 K뷰티 카테고리는 연평균 64%씩 성장하며 일본 젊은 소비자의 전폭적인 지지를 얻고 있다.[11]

그렇다면 여기서 궁금증이 생긴다. K뷰티가 이토록 빠른 제품 개발 주기를 실현할 수 있는 비결은 무엇일까? 단지 부지런해서일까? 답은 한국 뷰티 산업 특유의 유기적이고 역동적인 산업 생태계에서 찾을 수 있다. 브랜드의 민첩한 시장 감지력, ODM 기업들의 혁신적 기술, 유통 플랫폼의 발 빠른 대응 그리고 유연한 제도까지 수많은 플레이어들이 함께 만들어낸 결과다.

생산 과정에서 이 놀라운 속도력을 실현하는 데 중추적 역할을 담당한 것은 국내 화장품 ODM^{Original Design Manufactur-}

^er^ 기업들이다. 미국이나 유럽의 경우 제품의 연구개발·제조 생산·유통이 각기 다른 회사에서 분절적으로 이루어지는 데 반해, 한국의 경우는, ODM사 자체적으로 R&D부터 제조·제형 개발·마케팅에 이르기까지 통합된 종합 솔루션 체계를 갖추고 있다(상품력 참조). 예를 들어, 한국콜마는 선케어·크림·에센스부터 베이스 메이크업에 이르기까지 9개 주요 카테고리의 화장품 제형 140여 종을 사전에 구축해 고객사가 원하는 옵션을 선택하기만 하면 바로 생산 가능한 패키지드 프로덕트 서비스 ^PPS, Packaged Product Service^를 구축해 개발 주기를 최대한 단축하고 있다.[12] 이러한 구조 덕분에 제품의 아이디어만 논의하면 수 주일 내에 샘플이 제작되고, 통상 3개월 내에 양산 및 출시가 가능하다. 이로써 국내 ODM 기업들은 뷰티 제조업체를 넘어서 서비스형 뷰티 플랫폼인 BaaS ^Beauty as a Service^로 진화했다.

 제도적 요인도 빼놓을 수 없다. K뷰티의 빠른 제품 개

> **BaaS** ^Beauty as a Service^
>
> 브랜드 기획, 제품 개발, 시장 트렌드 분석, 패키징 디자인, 마케팅 제안까지 전방위적인 서비스를 제공하는 한국 ODM 기업의 통합형 뷰티 솔루션을 뜻한다. 'OO as a Service'는 원래 클라우드형 서비스를 활용한 IT, 테크 업계의 용어로 처음 등장했으나 점차 제조 쪽으로 확산되어, 제조 및 개발 인프라를 클라우드형 서비스처럼 활용해 각 브랜드가 보다 빠르게, 효율적으로 제품을 만들 수 있게 해주는 제조 서비스 플랫폼 모델이라고 할 수 있다.

발이 가능해진 배경 중 하나로 '책임판매업자 제도'를 주목할 필요가 있다. 이는 기존의 제조업자 중심에서 벗어나 화장품의 유통과 판매를 책임지는 주체를 명확히 하고, 품질 및 안전 관리를 강화하기 위해 도입된 제도다. 변경 전에는 제조업자가 유통·판매까지 담당하는 경우가 많았지만, 변경 후에는 책임판매업자가 유통·판매·안전 관리 전반을 책임진다. 덕분에 화장품을 직접 제조하지 않더라도 제조사에 위탁해 제품을 출시할 수 있게 됐다. 이러한 구조는 제품 기획과 디자인을 브랜드가 맡고, 생산은 ODM사가 담당하는 병렬 작업을 가능하게 해, 총 개발 기간을 획기적으로 단축시킨다. 즉, 제도가 기획→생산→출시로 이어지는 흐름을 가속화한 셈이다.

덕분에 반짝이는 아이디어만 있다면 누구나 빠르게 브랜드를 론칭할 수 있는 환경이 마련됐다. 물량에 따라 차이는 있지만 4,000만 원과 아이디어만 있으면 1인 뷰티 기업을 창업할 수 있다는 것이 업계의 설명이다.[13] 실제로도 다양한 업계 출신의 창업자나 인플루언서가 빠르게 뷰티 시장에 진입하면서, K뷰티 시장 전반의 속도를 한층 더 끌어올렸다.

초고속 제품 회전율로 지루할 틈이 없다

매장에서 빛의 속도로 교체되는 제품들을 보면 K뷰티의 속도력을 실감할 수 있다. 몇 주 전에 샀던 제품이 곧바로 리뉴얼되고, 신기한 제형이나 특별한 콘셉트의 제품이 등장했다가도, 눈 깜짝할 새 단종된다. 같은 내용물이라도 콘셉트에 따라 다른 기획 패키지가 출시되고, 시의적절한 유행을 입혀 전혀 다른 제품처럼 재탄생하기도 한다. 이처럼 K뷰티의 높은 제품 회전율 덕분에 소비자는 지루할 틈이 없이 늘 새로움을 경험한다.

빠른 제품 회전은 우선 'MD의 기획력' 덕분이다(기획력 참조). MD는 요즘 뜨는 성분과 제형을 빠르게 파악하고 수 주 내로 이를 상품화한다. 예를 들어, 스킨케어 트렌드로 어성초 성분이 뜨면 한 달 만에 어성초 관련 제품들이 출시된다. 최근에는 연어에서 추출한 PDRN 성분이 화제가 되며 관련 앰플과 선크림 등이 빠르게 개발됐다. SNS에서 눈길을 끈 버블 질감이나 투명하게 변하는 겔 마스크팩과 같은 트렌디한 제형들도 다양한 제품군으로 빠르게 확장되며 소비자 선택의 폭을 넓히고 있다.

소비자 니즈에 대응하는 속도도 놀랍다. 색조 브랜드 티르티르TIRTIR는 한 흑인 뷰티 크리에이터가 자신의 피부 톤에 맞는 쿠션이 없다는 의견을 내자 그의 피부에 맞춘 어두운 컬러 쿠션을 개발해 선물했다는 일화로 매우 유명하다. 여기서 놀라운 점은 이 모든 과정이 단 '한 달' 만에 이뤄졌다는 점이다.[14] 브랜드가 소비자의 의견에 얼마나 빨리 반응

티르티르는 한 흑인 뷰티 크리에이터가 자신의 피부 톤에 맞는 쿠션이 없다는 의견을 내자 그의 피부에 맞춘 어두운 컬러 쿠션을 한 달 만에 만들어 선물했다는 일화로 유명하다. 40가지의 색조를 개발한 티르티르는 컬러의 종류만큼이나 개발 속도 면에서 놀라움을 안겼으며, 미국 아마존 뷰티 카테고리의 색조 부문에서 1위를 달성했다.

하고 제품 개발로 연결시킬 수 있는지를 보여준 대표적 사례다.

로고·패키지·디자인·광고 모델 등 브랜드에 총체적인 변화를 주는 것을 리브랜딩Rebranding이라고 하는데, 이 속도 역시 매우 빨라지고 있다. 예컨대 아모레퍼시픽의 대표 브랜드 중 하나인 마몽드MAMONDE는 1991년 탄생해 당시에는 신세대 여성들의 호응을 얻었으나 이후에는 다소 고전적인 이미지의 브랜드로 인식됐다. 이에 마몽드는 2023년 10월, Z세대 소비자를 타깃 삼아 브랜드·로고·패키지·광고 모델까지 전면 교체하는 대대적인 리브랜딩을 단행했다. 라인업도 확대해 내추럴 키비 로션, 리퀴드 마스크와 같이 기존 관행을 깨는 혁신 제품을 잇달아 출시하면서 브랜드의 새로운 정체성을 시장에 확실히 심었다. 특히 브랜드의 대표 상품으로 떠오른 '로즈 리퀴드 마스크'는 전년 대비 388% 매출 성장을 기록하며 시장의 주목을 받았다.[15] 그것으로 끝내지도 않았다. 리브랜딩 이후 불과 1년도 지나지 않아 서브 브랜드 미모 바이 마몽드Mimo by MAMONDE를 론칭하며 또 한 번의 변신을 선보였다. 이처럼 짧은 시간 안에 연속적으로 브랜드 진화를 시도하는 모습은 K뷰티 산업이 가진 속도력의 단면을 보여주는 대표적 사례다.

데이터는 속도에 올바른 방향성을 더한다

아무리 빠르게 제품을 만든다 해도, 잘못된 방향으로 질주한다면 그 속도는 무의미해진다. 오늘날 K뷰티 브랜드들은 실시간 데이터 분석을 통해 소비자의 수요를 정확히 포착하고, 그에 기반해 제품을 기획하고 검증하는 방식으로 속도에 정밀함까지 더하고 있다. 앞서 데이터가 기획에 어떻게 활용되는지를 살펴봤다면, 이번에는 속도 측면에서의 데이터 활용에 주목해보자.

가장 눈에 띄는 변화는 검색어 데이터에 기반한 빠른 트렌드 센싱Trend Sensing이다. 과거에는 제품 아이디어를 설정할 때 "미백 라인이 없으니 개발하자"거나 "올해는 세럼을 냈으니 내년에는 크림을 내자"라는 식으로 1년을 계획했다면, 오늘날에는 검색 데이터를 통해 소비자 관심사를 실시간으로 분석하고 트렌드 흐름에 맞춘 제품을 빠르게 출시하는 구조로 진화하고 있다. 2024년 하반기, 미국 아마존에서 '콜라겐' 검색량이 급증하자 여러 K뷰티 브랜드들이 '콜라겐 랩핑 마스크' 등 관련 제품을 신속히 준비해, 10월 아마존 대규모 할인 시즌에 맞춰 전략적으로 출시한 것이 그 예다. 이는 데이터 기반 기획과 실행이 얼마나 빠르게 이뤄지는지를 보여준다.

제품을 출시한 이후에도 속도는 멈추지 않는다. 코스알엑스COSRX는 하이드로겔 마스크와 스킨 부스터 세럼으로 미국에서 큰 인기를 끌었는데, 수억 건의 글로벌 리뷰 데이터를 실시간으로 분석해 소비자 반응을 추적하고 이를 즉각 반영했다. 수많은 리뷰들을 집대성할 수 있는 자체 플랫폼을 통해 리뷰 데이터를 워드 클라우드 형식으로 시각화하고, "사용감이 불편하다"거나 "용량이 아쉽다"와 같은 내용이 감지되면 곧바로 제형을 바꾸거나 대용량 제품을 추가로 출시하는 식이다. 소비자의 피드백을 실시간으로 반영해 리뉴얼하는 이러한 구조는 K뷰티에서만 가능한 속도력이다.

최근에는 AI 기술의 도입으로 제품 개발의 속도가 한층 더 가속화되고 있다. 특히 기능성 성분 개발 단계에서 AI를 활용한 사례는 주목할 만하다. LG생활건강은 LG AI 연구원과 협업해 기존 평균 1년 10개월이 소요되던 후보물질 발굴을 단 하루 만에 해냈다. AI 모델이 유효 성분을 빠르게 탐색할 뿐 아니라, 시뮬레이션을 통해 유해 가능성이 있는 물질을 사전에 제거해준 덕분에 시간을 획기적으로 단축할 수 있었다. 이 물질은 상용화 과정을 거쳐 이르면 2026년부터 LG생활건강의 프리미엄 브랜드 더후 The history of Whoo의 차기 제품에 적용될 예정이라고 한다.[16] 이처럼 K뷰티는 데이터와 AI 기술을 제품 개발 전 과정에 적극 도입함으로써 빠르고도 정확한 제품 전략을 선보이고 있다.

빠른 자가 이긴다

세상에서 가장 빠르게 실행하는 회사를 만들어라. _샘 알트먼,
스탠포드 온라인 강연 중에서

챗GPT를 만든 OpenAI의 CEO이자 실리콘밸리 스타트업 생태계를 이끄는 샘 알트먼은 현대 기업이 갖춰야 할 핵심 경쟁력으로 '속도'를 꼽는다. 처음부터 완벽한 전략은 없기에, 얼마나 빠르게 배우고 수정하고 다시 시도할 수 있는지가 성패를 가른다는 것이다. 이는 스타트업만의 이야기가 아니다. 불확실성이 상수가 된 오늘날, '속도'는 모든 산업이 새겨야 할 생존 원칙이다.

지금까지 살펴봤듯이 K뷰티는 이 원칙을 가장 충실히 실천하고 있는 산업이다. 글로벌 뷰티 기업 로레알그룹은 "한국은 혁신적인 기술과 트렌드를 창조하고 적용하는 데 있어 세계에서 가장 빠른 속도를 자랑하는 시장"이라 평가한다.[17] 특히 이러한 속도 중심의 전략은 Z세대 소비자의 등장을 계기로 더욱 중요해지고 있다. 글로벌 컨설팅 기업 맥킨지는 오늘날의 Z세대를 "끊임없이 변화하는 스타일을 추구하고, 브랜드 충성도보다는 재미와 새로움을 좇는 세대"라고 설명한다.[18] 어릴 적부터 스마트폰을 손에 들고 자란 이들은 늘 새로운 콘텐츠를 소비하며, 제품과 서비스 구매

에서도 즉각적인 경험과 빠른 변화를 기대한다.

새로운 소비 권력의 등장은 모든 산업에서 속도의 기준을 바꾸고 있다. 식품업계에서 눈에 띄게 빠른 속도를 보여준 농심이 좋은 참고 사례다. 2025년 3월 10일, 아이돌 그룹 블랙핑크의 멤버이자 글로벌 인플루언서인 제니가 미국의 인기 토크쇼 〈제니퍼 허드슨 쇼〉에 출연해 가장 좋아하는 간식으로 농심의 '바나나킥'을 언급했다. 이는 사전 협의된 간접 광고[PPL]가 아니었다. 하지만 해당 장면은 방송 직후 틱톡과 유튜브 등 SNS를 통해 확산됐고, 바나나킥은 '제니 최애 과자'로 불리며 전 세계적으로 화제를 모았다. 농심은 이 기회를 놓치지 않았다. 며칠 뒤 자사 SNS에 바나나킥 캐릭터가 토크쇼를 패러디하는 콘텐츠를 올리며 2차 바이럴을 유도했다. "나 제니 덕에 5초 동안 단독샷 받았잖아"라는 바나나킥의 말풍선은 팬들 사이에서 큰 웃음과 공감을 자아냈다.[19] 그 결과 바나나킥의 미국 수출액은 전월 대비 69% 증가했고, 국내 매출도 40% 이상 늘며 품귀 현상까지 빚어졌다.[20]

농심은 여기서 멈추지 않았다. 열풍이 채 가시기도 전인 4월 2일, 바나나킥의 후속작 '메론킥' 출시를 발표하며 이 흐름을 신제품으로 연결했다.[21] 약 50년 만에 선보인 킥 시리즈 신제품인 메론킥은 출시 직후 일주일 만에 144만 봉이 판매되며 폭발적인 반응을 이끌었다.[22] 농심이 골든타임을 놓치고 뒤늦게 대응했다면, 이는 단순 해프닝으로 끝났을지도 모른다. 그러나 농심은 시장 반응을 즉각 감지하고, 신제품을 골든타임에 맞춰 전략적으로 출시함으로써 신속하게 흐름에 올라탔다. 그동안 식품업계는 다소 느리고 보수적이라는 선입견이 있었다. 하지만 70년 역사를 가진 기업 농심의 속도감 넘치는 대응은 이제 모든 산업이 예외 없이 '더 빠른' 속도력을 요구한다는 사실을 알려준다.

이처럼 K뷰티와 농심의 성과에는 모두 '속도'라는 공통분모가 자리한다. K뷰티는 이미 수많은 실험과 검증, 빠른 피드백 그리고 이를 수용할 수 있는 구조와 문화를 기반으로 진정한 속도력을 실현하고 있다. 그렇다면 우리가 배울 점은 분명하다. 이제는 속도가 힘이다. 빠른 자가 이긴다.

Do it! Like K-Beauty

1. 팝업 스토어, 물류 거점 등 오프라인 매장의 다변화를 시도하라.
오프라인 매장은 더 이상 부동산 중심의 고정 매장이 아니다. 팝업 스토어로 다채롭게 변화하면서 소비자의 발길을 이끌고, 소비자의 즉각적인 반응을 보면서 실험할 수 있는 장이자 물류 거점으로서 퀵커머스를 가능하게 하는 새로운 기회의 장이다.

2. 온오프라인의 경계를 허물어라.
소비자들은 언제 어디서나 효율적인 쇼핑을 원한다. 기술을 바탕으로 매장과 온라인을 통합한 옴니채널 전략이나, 오프라인 매장을 찾아가 제품을 구매하는 시간과 다를 바 없이 온라인에서 구매한 제품을 빠르게 받아볼 수 있는 퀵커머스의 성장은, 요즘 소비자의 구매 행태를 기반으로 한 변화다. 온오프라인 구분할 것 없이 '빨리빨리'를 요구하는 소비자에게 '빨리빨리' 대응할 수 있는 방법을 마련해보자.

3. 제품 개발부터 마케팅까지 종합 솔루션 체계를 갖춰라.
국내 화장품 ODM 기업들은 고객사가 옵션을 선택하기만 하면 바로 생산 가능한 서비스를 마련해 개발 주기를 최대한 단축했다. 이는 기술과 제도적 변화를 십분 활용한 것으로, 변화의 속도와 유연성이 요구되는 다른 산업에도 유의미한 방향을 제시한다.

3

주도력

20대 MD로부터 나오는 새로운 K뷰티 트렌드

K-BEAUTY TREND

흔히 한국 산업을 '패스트 팔로워'라고 한다. 앞선 선신국을 빠르게 추종하면서 경쟁력을 키워왔다는 뜻이다. 하지만 적어도 뷰티 산업에서 K는 선도적이다. 오늘날 K뷰티가 시장을 '따라가는' 산업이 아니라, 글로벌 트렌드를 '주도하는' 산업으로 자리 잡을 수 있었던 근본적인 이유는 무엇일까?

결국 사람이다. 기획력·속도력·대응력 등 핵심 요인이 중요하다고 해도, 그것을 실행하는 사람들의 역량이 부족하다면 아무런 의미가 없다. 어느 기업이든 탁월한 성과의 비결을 추적해 들어가다 보면, 결국 그 회사의 조직 문화와 닿는다. 전술한 고객지향적 역기획이나 누구도 따라올 수 없는 스피드를 벤치마킹하려면, 사람의 이야기를 빼놓을 수 없다. 이 장은 K뷰티 조직 문화와 그 구성원들의 이야기다.

주어진 업무를 수동적으로 처리하는 것이 아니라, 자율적으로 해결하는 힘을 '주도력'이라고 부르고자 한다. 주도력은 최고경영자의 리더십이나 스타 임직원 개인의 천재적인 영감이 아니라, 최일선에서 업무를 수행하는 실무자의 능동성과 그것을 가능하게 하는 조직 문화의 문제다. 좀 더 구체적으로는, 회사의 문제가 바로 나의 문제라는 '직원 오너십', 고객과 가장 가까운 눈높이에서 문제를 해결하는 20대 위주의 '젊은 조직 구성', 직급을 가리지 않고 바로바로 의사결정을 내릴 수 있는 '바텀업 조직 문화', 해당 이슈에 대해서는 세상에서 본인이 가장 많이 알고 있다고 자부할 수 있다는 '전문성', 실패를 두려워하지 않고 그로부터 배워가는 '성장 마인드셋'을 갖춘 과업 중심의 학습조직을 포괄한다.

변화는 빠르고, 타이밍은 짧다. 그래서 K뷰티의 조직은 점점 더 '문제 해결형'으로 진화하며 기획 역량을 극대화하고 있다. 고객의 니즈를 하나의 과업^{Task}으로 정의하고, 이를 유연하게 풀어낼 수 있도록 부서 간 경계를 허물고, 기능 중심이 아닌 과업 중심의 조직으로 움직인다. 경영진의 지시에 의해서가 아니라, 고객에 가장 가까운 실무진이 스스로 판단하고 실행하는 주도력이 고객지향적 역기획을 가능하게 하는 것이다.

더 나아가 K뷰티가 전술한 속도의 경제에서 두각을 나타낼 수 있었던 이유 역시 이러한 조직 문화에 있다. 실무자에게 실질적인 권한을 부여하고, 실패를 허용하며, 빠르게 검증하고 개선하는 시스템이 뒷받침됐기 때문이다. 속도를 이끄는 것은 기술이 아니라 조직이며, 그 조직을 움직이는 젊은 실무진의 감각과 판단력이 곧 K뷰티의 주도력인 것이다. 여기서는 K뷰티의 조직 문화가 어떤 방식으로 주도력을 발휘하는지 구체적으로 알아본다.

실행하는 조직

급변하는 트렌드에 빠르게 대응하며 기획하고 생산하기 위해서는 좌고우면하지 않고, 일단 실행할 수 있는 민첩한 조직 문화가 필수적이다. 조직의 실행력을 높이려면 어떻게 해야 하는가? 구조적 대응만으로는 부족하다. 실무자에게 얼마나 실질적 권한이 부여되는지, 핵심성과지표KPI는 어떠한지, 실패에 대한 조직의 태도는 어떠한지 등 실제 업무 방식의 변화가 함께 이뤄져야 한다. 이 책에서 강조하고 있는 기획·대응·생산 역량을 속도감 있게 실행하기 위해서는 구성원들의 빠른 판단과 즉각적인 실행이 가능한 조직 문화가 필요하다. 이렇게 주도력 높은 조직으로 거듭나는 데는 크게 세 가지가 필요하다. 직원 오너십, 권한 위임, 그리고 타깃 소비자에 맞춘 젊은 인력 구성이다.

2030 MD 파워와 남다른 직원 오너십

아무리 뛰어난 전략을 수립해도, 풍부한 자원을 보유하고 있어도, 이를 실행하는 사람들이 한마음으로 뭉쳐 실행하지 않으면 회사는 앞으로 나아갈 수 없다. 기획력과 속도력의 화룡정점은 결국 이를 주도하는 직원 한 사람, 한 사람에게 달려 있다. 이는 곧 전 직원에게 어떻게 주인의식, 즉 오너십을 부여할 것인가 하는 문제로 연결된다.

스킨케어 브랜드 스킨천사SKIN1004로 시작한 뷰티 기업 크레이버Craver는 창업 11년 만인 2025년 구다이글로벌에 인수되기까지, 수많은 스타트업들이 그러하듯 크고 작은 위기를 마주했다. 하지만 크레이버의 창업자 이소형 전 대표가 위기를 대하는 방식은 남달랐다. 그는 회사의 어려움을 직원들에게 감추지 않고, 오히려 모든 것을 투명하게 공개했다.

> 사업부별 매출이 얼마인지, 지역별로는 어떤 차이가 있는지, 브랜드와 상품별 성과는 어떤지, 판매 채널별 현황은 어떤지까지 모든 데이터를 직원들과 공유했습니다. 심지어 회사 통장에 현금이 얼마나 남아 있는지, 지금 어떤 위기에 직면해 있는지, 우리가 언제까지 버틸 수 있는지와 같은 민감한 정보까지도 숨기지 않았죠.

보통 이런 정보들은 소수의 경영진끼리만 공유한다. 직

원들에게 회사의 위기 상황을 알리면 불안감만 조성할 것이라는 우려 때문이다. 하지만 이소형 창업자의 선택은 정반대였다. 결과는 놀라웠다. 투명한 소통으로 인해 직원들이 오히려 회사에 대한 강한 오너십을 갖게 됐다. 스스로를 직원이 아니라 회사의 운명을 함께 책임지는 동반자로 인식하기 시작했다. 위기 상황이 오히려 전 직원의 결속력을 높이는 계기가 된 것이다.[1]

직원 오너십의 힘을 가장 잘 보여주는 사례로 올리브영의 MD들을 들 수 있다. 올리브영의 MD 조직은 여느 회사와는 다르다. 강한 오너십을 갖고 주도적으로 사업을 이끌어가고 있다. 더 주목해야 할 점은 이들 MD 대부분이 20대라는 사실이다. 핵심 임원인 본부장도 30대다. 20대 MD가 시장에서 잔뼈가 굵은 40대, 50대 뷰티 브랜드 사장님과 마주 앉아 혁신을 논의하는 상황을 상상해보라. 이런 상황에서 MD들에게 필요한 것은 '내가 회사의 대표'라는 확고한 신념이다. 올리브영은 이를 보장하기 위해 MD들에게 파격적인 자율성과 강한 독립성을 부여한다. 시장 트렌드 모니터링부터 브랜드 파트너사와 협업, 새로운 상품 론칭까지 시장을 이끌어가는 막중한 역할을 담당하기 위해서는 이들에게 책임과 권한이 주어져야 하는 것이다.

무엇보다 올리브영의 사업 구조가 이러한 문화를 뒷받침한다. 올리브영의 유통사업은 상품을 직접 구매한 후 판

바텀업 조직 문화는 실무선에서 신속한 의사결정이 가능하도록 권한을 위임한다. 이를 위해 기업은 MD들이 상품 소싱을 제안하고 승인받는 데까지 컨펌 라인을 짧게 줄이는가 하면, 상품의 구매와 판매 결과까지 주도할 수 있도록 사업 제도, 실패를 학습의 기회로 전환하는 레슨 런 문화 등을 적극 장려하면서 직원들의 오너십을 키운다.

매하는 '사입' 구조이기 때문에 모든 MD들은 자신이 협업하는 브랜드 상품의 판매 결과까지 책임져야 한다. 이러한 시스템은 일반적인 회사의 의사결정 구조와는 전혀 다른 조직을 지향한다. 보통 회사에서는 상사가 "이게 트렌드니까 한 번 해봐"라고 방향을 지시하면, 부하 직원들이 이에 따라 일사불란하게 움직이는 탑다운 구조를 따른다. 올리브영은 이와 반대로, 각자 하고 싶은 것을 실천한다. 이들에게 상사는 일을 지시하는 사람이 아니라, MD들이 각자 원하는 목표를 실현할 수 있도록 지원하는 역할을 담당할 뿐이다. 결국 모든 MD들이 '내가 들여온 제품의 책임자는 바로 나'이며, '내가 곧 이 회사의 대표'라는 오너십을 갖게 되면서, 남다른 주도력을 동시에 갖추는 것이다.

바텀업 조직 문화의 핵심, 위임하라

주인의식이 강하고 의사결정 속도가 빠른 조직에는 공통점이 있다. 권한의 위임이 잘 이뤄진 바텀업Bottom-up 문화를 갖고 있다는 점이다. K뷰티의 바텀업 문화는 브랜드사·제조사·유통사를 가리지 않는다. 실무선에서 신속한 의사결정이 가능하도록 권한이 잘 분산돼 있다. 보통의 조직에서는 좋은 아이디어가 있어도 실무자가 곧바로 실행에 나서기 어렵다. 팀장을 거쳐 부서장의 의견을 듣고, 때로는 경영진의 승인까지 받아야 하는데, 그 과정에서 타이밍을 놓치기 쉽다. 그러나 트렌드가 시시각각 변하는 현대의 경제 환경에서는 타이밍이 핵심이다. K뷰티 플레이어들이 빠르게 기회를 잡을 수 있었던 것도 바텀업 조직 문화를 통해 가능했다.

바텀업 문화는 인디 브랜드에서 가장 두드러진다. 최근 글로벌 K뷰티 열풍을 주도하는 인디 브랜드들은 주로 조직 규모가 작고 실무선에서 의사결정이 가능해 과감한 기획과 빠른 실행이 가능하다. 닥터지·롬앤·아이소이·클리오·CMS랩 등 K뷰티 브랜드들은 공통적으로 디지털 콘텐츠 문법에 익숙한 20대, 30대 실무진의 비중이 매우 높고, 수평적인 커뮤니케이션을 바탕으로 실무선에서 의사결정이 이뤄지는 구조를 갖추고 있다. 젊은 실무진들이 각자의 직무를 맡되 한 팀처럼 움직이기 때문에 속도감 있는 실행이 가능한 것이다. 닥터지Dr.G를 운영하는 고운세상코스메틱의 이주호 대표는 그의 저서 『프로텍터십』에서 회사를 "건강하고 자유로운 1인 기업가들의 공동체"로 정의하며 개인의 자율성과 권한 기반의 조직 운영 철학을 강조했다.[2]

유통사인 올리브영 역시 전사적으로 바텀업 문화가 뿌리내린 대표적 사례다. 전체 구성원의 95%가 2030세대로,[3] 고객과 가장 가까운 시각으로 시장을 바라본다. 이를 바탕으로 상품 소싱을 제안하고 승인하는 데까지의 컨펌 라인이 짧아 트렌드를 빠르게 캐치하고 시도하는 문화가 정착돼 있다. 경영진 또한 현장의 제안을 전략 수립에 신속히 반영하며 최종 실행까지의 시간 간격을 획기적으로 줄이고 있다. 여기서 또 한 번 강조하지만, 이를 가능하게 한 것은 경력 1~2년차의 MD도 수십 억 원 상당의 재고를 관리하는 막중한 권한과 책임을 부여받은 점에 있다.[4]

이처럼 권한을 넘어 책임까지 부여받는 진정한 의미의 바텀업 구조가 정착되는 데에는 실패를 두려워하지 않도록 장려하는 조직 문화, 레슨 런Lessons Learned 덕분이다. 이는 특정한 경험이나 결과에 대한 회고를 통해 새로운 인사이트를 얻고, 실패를 학습의 기회로 전환하는 태도를 뜻한다. 올리브영은 의사결정 과정에서 예기치 못한 결과나 실수가 있더라도 이를 질책하기보다는 학습의 기회로 삼을 수 있도록 학습 분위기를 형성하는 것을 중시한다.

제조사인 ODM·OEM 기업들 역시 바텀업 문화를 핵심 경쟁력으로 삼고 있다. 앞서 언급했듯이 코스맥스와 한국콜마는 수많은 인디 브랜드들의 아이디어를 3개월 이내에 실현할 수 있는 시스템을 갖추고 있는데, 빠른 개발 속도만큼이나 고객사 요청에 대한 초고속 대응이 기본 업무 방식으로 내재화되어 있다. 흥미로운 점은 실무진 선에서 고객사의 요청을 받아 그대로 처리하는 수동적 대응이 아니라, 때로는 새로운 아이디어를 제안하고 샘플을 끊임없이 반복 수정하는 등 적극적인 업무 방식이 자리 잡고 있다는 점이다. 이 역시 바텀업 조직 문화가 아니고서는 구현되기 어렵다.

　오늘날 비즈니스는 순간순간 변화하는 트렌드에 맞춰 가설을 세우고 검증하며 배워가는 '학습 역량'이 중요하다. 실패를 했더라도 이것이 왜 실패했는지 정확히 이해하는 것이 필요한데, 다양한 시도를 응원하는 전반적인 사내 분위기가 실질적인 의사결정권의 분산을 가능하게 한 것이다. 이처럼 인디 브랜드, 제조사, 유통채널 전반에 흐르는 바텀업 조직 문화 덕분에 K뷰티는 글로벌 무대에서도 신속하게 움직일 수 있다. K뷰티의 보이지 않는 핵심 동력이다.

타깃 고객의 눈높이에 맞는 인력 구성

K뷰티의 또 다른 조직 경쟁력은 화장품 시장의 주 고객인 2030세대와 눈높이를 맞출 수 있는 젊은 MD 중심의 조직력에서 나온다. 소비자의 변화에 가장 민감한 세대가 현장에서 직접 기획하고 판단하며, 트렌드 자체를 만드는 주체로 자리 잡고 있다. 이들은 단순한 실무자가 아니라, 고객의 눈높이에서 문제를 정의하고 그에 맞는 제품과 경험을 설계하는 '시장 설계자'로 기능한다. 바로 이 지점에서 K뷰티의 진짜 경쟁력, 즉 주도력이 발생한다.

　자연주의 화장품 에이프릴스킨APRILSKIN에서부터 더마코스메틱 메디큐브MEDICUBE, 뷰티 디바이스 메디큐브 에이지알AGE-R까지 다양한 브랜드를 전개하고 있는 에이피알APR

은 직원 평균 연령이 20대 후반이다.[5] 에이프릴스킨을 중심으로 사업을 전개하던 초기에는 직원 평균 나이가 29세였으며, 전체 직원의 90%가 여성으로 구성돼 있었다.[6] 이는 우연의 결과가 아니다. 주요 구매층인 10대, 20대를 이해하기 위해서는 그들과 같은 나이의 직원들이 제품을 기획하고 개발해야 한다는 철학이 반영된 것이다. 실제 소비자 관점에서 제품을 바라보고, 그들의 니즈를 정확히 파악할 수 있는 인력 구성이야말로 K뷰티가 탁월한 기획력을 갖추게 된 핵심 원동력이다.

색조 브랜드 롬앤이 운영하는 뷰티 커뮤니티 '코덕 하

SNS나 유튜브에서 올리브영을 검색하면, '직원 추천 아이템' 키워드를 활용한 브랜드사, 개인 제작 콘텐츠가 다수 발견된다. 이는 소비자층과 직원 연령대가 비슷해 정보 생산과 공유가 수월하다는 증거이다. 이처럼 2030이 다수를 차지하는 조직의 젊은 문화는 기획과 마케팅에서 진가를 발휘한다.

우스(이하 코하)'는 이러한 철학을 더욱 발전시킨 사례다. 코하는 단순한 소통 공간을 넘어 인재 양성의 장으로 기능한다. 커뮤니티에서 활동하던 10대 소비자가 성장한 후 실제로 화장품 업계로 진출해 자신만의 브랜드를 창업하기도 한다. 뷰티 회사의 채용면접 과정에서도 코하 출신을 만나는 일이 빈번한데, 이들은 "화장품을 5만 개까지 모아봤다"며 자신의 열정을 자랑스럽게 공유한다. 화장품에 대한 관심이 진로 선택으로 이어져 뷰티 산업 전반의 발전에 기여하는 선순환 구조가 형성되는 것이다.

매장에서 직접 소비자와 만나는 직원들의 목소리 역시 K뷰티 기획력의 중요한 원천이다. 올리브영의 경우, 매장에서 근무하는 직원과 아르바이트생 대부분이 주요 고객층과 유사한 20대, 30대로, 화장품을 좋아하는 사람들이 많다. 2020년 알바몬이 드럭스토어 아르바이트생 463명을 대상으로 실시한 조사 결과에서, 드럭스토어 아르바이트의 장점으로 '신제품을 빠르게 접할 수 있다는 점(50.1%)'과 '코덕에게는 놀이터 같은 환경(20.3%)'이라는 응답이 각각 2위와 5위를 차지해 이를 뒷받침한다.[7] 뷰티에 대한 관여도가 높은 이들이 고객의 마음을 정확히 읽어낼 수 있는 것은 당연한 결과다.

이들이 현장에서 포착한 인사이트는 본사로 전달되어 새로운 제품 개발·매장 운영·이벤트 기획 등 본사의 성장과 더불어 건강한 생태계를 구성하는 근간이 된다. 각종 유튜브와 SNS에서 '올영 알바생이 뽑은 베스트 아이템', '올영 직원 추천템' 등의 키워드가 뷰티 브랜드사 마케팅이나 개인 콘텐츠에 적극 활용되는 것도 이러한 맥락에서다. 좀 더 구체적으로, 올리브영 경주황남점의 신유림 점장은 아르바이트로 시작해 정직원을 거쳐 점장까지 승진한 대표적인 사례다.[8] 그는 현재도 올리브영 구성원들을 대상으로 색조 관련 강의와 교육을 진행하며, 현장의 경험을 조직의 경험으로 확장하고 있다.

학습하는 조직

앞서 실행하는 조직이 되려면 좌고우면하지 않고 일단 실행할 수 있는 민첩한 조직 문화가 필요하다고 강조했다. 하지만 윗사람의 컨펌을 기다려야 하는 많은 한국의 기업 문화에서 이것이 쉬운 일은 아니다. 젊은 실무자들이 오너십을 가지고 시도했는데 그 결과가 좋지 않다면, 그에게 불어닥칠 후폭풍이 눈에 선하다. 많은 이론가들이 "실패를 두려워하지 않는 조직 문화"를 이야기하지만, "누군가 책임을 져야 하지 않는가?" 하는 목소리에 묻혀버리기 일쑤다. 그렇다면 실패든 성공이든 서로를 책망하지 않는 분위기를 어떻게 만들 수 있을까? 문제는 실패해도 아무렇지도 않다는 것이 아니라, 그 실행에서 무엇을 배우고 그로부터 얼마나 성장했느냐. 실패한 프로젝트에서, 심지어 크게 성공한 경우에도, 새롭게 학습하지 못하고 지난 경험을 반복한다면 결국은 정체의 나선에 빠져들게 될 것이다. 따라서 '학습하는 조직'을 만드는 일은, 그 구성원들의 역량 성장은 물론이고 조직 자체가 번성하기 위해 없어서는 안될 필수적인 요건이다. 학습 역량을 높이기 위한 조직의 과업 중심성, 전문성, 유연성에 대해 살펴보자.

과업 중심의 학습조직으로 전문성을 높인다

기획력에서 설명한 바와 같이 고객의 목소리로부터 제품 기획이 출발하고, 회사 전체가 그에 맞춰 움직이기 위해서는 전통적인 업무 분장을 넘어서는 조직이 필요하다. 수시로 등장하는 새로운 니즈에 대응하려면, 해당 고객 문제를 하나의 과업으로 정의하고, 이를 한 번에 해결할 수 있는 '과업 중심 조직'이 돼야 한다. 최근 성과 좋은 K뷰티 회사의 공통점은 조직의 과업 중심성이 강하다. 어느 부서든, 어떤 직급이든, 고객 문제를 해결하기 위해서라면, 얼마든지 하나로 묶이고 또 언제든지 헤어질 수 있다.

    스타트업이라 불릴 정도로 규모가 작은 인디 브랜드는 인적 자원이 부족하기 때문에, 과업 중심 조직 운영이 필연적이다. 일반적으로 규모가 큰 회사에서는 담당 프로덕트 매니저PM가 상품부터 마케팅까지 모두 기획한 뒤 마케터·영업부·사업부에 관련 내용을 전달하는 방식으로 업무를 진행한다. 반면 규모가 작은 회사에서는 제품 기획 단계에서부터 마케터와 영업부를 비롯한 모든 부서가 하나의 팀으로 움직인다. 그 결과 부서 간 협업이 더욱 끈끈해지고, 시장 변화에 보다 유연하게 반응하며 정밀한 대응이 가능해진다.

뷰티 산업 경험이 없더라도 자기 영역의 전문성을 가진 인력들로 조직을 구성해 기획력에 신선함을 불어넣을 수도 있다. 아누아는 전체 구성원의 80% 이상이 IT·컨설팅·VC·스타트업 등 다양한 산업 출신으로, 뷰티 업계 출신은 20%도 채 되지 않는다.[9] 화장품 시장에 대한 경험이 없는 사람들이 신선한 시각으로 문제를 바라보다 보니, 고정관념에 얽매이지 않는 상품 기획이 탄생하는 것이다. 고객 데이터를 바탕으로 제품을 기획하는 전술한 '역설계', '역발상' 기획이 바로 이런 배경에서 탄생했다(기획력 참조).

최근 들어서는 대기업 조직도 과업 중심적 조직 개편을 시도하고 있다. 예를 들어 LG생활건강은 과거 국내와 해외 사업을 분리해 운영하던 조직을 최근 브랜드 중심으로 통합해 운영하고 있다. 예전에는 제품 하나가 출시되면 본사는 국내를 담당하고, 해외 사업조직에서는 해외 시장에 맞춰 튜닝하는 식으로 구분되어 운영했다. 하지만 이제는 하나의 조직이 국내는 물론 일본·미국·동남아시아까지 모두 다루면서 글로벌 시장 전체를 아우른다. 통합적인 시각으로 의사결정할 수 있도록 조직 구조를 바꾼 것이다.

과업 중심 조직이 성공하려면 해당 과업에 대한 구성원들의 전문성이 뒷받침돼야 한다. 올리브영의 MD조직이 좋은 예다. 이들은 스스로를 해당 카테고리의 최고 전문가라 생각한다. 선크림 담당 MD라면 "전 세계에서 선크림은 내가 제일 많이 알아야 한다"는 마음가짐으로, 한국은 물론 해외 시장의 제품 동향과 트렌드를 끊임없이 연구한다. 이러한 전문성은 회사에서 제공하는 정형화된 교육만으로는 만들어지지 않는다. 자발적으로 해당 시장에 관심을 갖고 학습해야만 새로운 기획 인사이트가 생긴다.

올리브영은 회사 규모가 지금처럼 커지기 전부터 직원들의 해외 시장조사와 전시회 참여에 투자를 아끼지 않았다. 가령 미국에서 에스테틱 관련 전시회가 열린다면 MD들이 자발적으로 회사에 참가 신청을 요청할 수 있다. 이를 바탕으로 형성된 전문성은 인디 브랜드와 협업할 때 진가를 발휘한다. 단순히 좋은 제품을 알아보는 안목에 그치지 않고, 해당 브랜드가 시장에서 소비자의 마음을 사로잡기 위해서 성분·사이즈·가격 등이 어떻게 구성되어야 하는지에 대한 인사이트를 제안할 수 있기 때문이다.

빠르게 변화하는 시장에서 전문성을 계속 유지하려면

어떻게 해야 할까? 끊임없이 배우려는 '성장 마인드셋'이 중요하다. 급변하는 오늘날의 시장에서 신중을 기하며 리스크를 최소화하려는 노력은 오히려 성장을 저해할 수 있다. 일단 제품을 출시하고 소비자의 목소리를 신속하게 반영하여 제품의 완성도를 높여가는 인디 브랜드의 제품 개발 방식은 '성공 아니면 실패'라는 이분법이 아닌, '학습'에 초점을 둔 결과다.

글로벌 기업 마이크로소프트가 다시 한 번 혁신으로 성장을 일으킨 데는 사티아 나델라가 CEO에 취임한 이후 '모든 것을 아는' 문화에서 '모든 것을 배우는' 문화로 전환한 바가 크다. 직원들의 성과를 상대적으로 평가하여 등급을 매기는 스택 랭킹 Stack Ranking 시스템을 없애는 대신, 실수로부터 배우고 도전을 성장과 발전의 기회로 인식하도록 독려했다. 조직 내 리더의 역할 역시 성과를 관리하는 것에서 팀의 역량을 강화하고 잠재력을 키우는 데 집중하도록 강조했다. 이러한 변화는 기업의 성과를 높이는 동시에, 구성원의 조직 만족도와 참여도를 높이는 데에도 기여했다.

어젠다 중심으로 늘 변화하라

K뷰티 기업들은 시장의 변화에 따라 팀을 빠르게 신설하거나 기존 팀의 속성을 변경하고, 필요 시에는 과감히 통합 또는 해체하는 방식으로 대응한다. 연말마다 찾아오는 연례

조직 개편이 아니라, 언제든지 시장 변화에 즉각 대응할 수 있도록 조직을 유연하게 조정하는 전략이다.

이러한 유연성은 인디 브랜드에서 더욱 두드러진다. 빠르게 성장하는 인디 브랜드들은 고정된 조직 구조보다 프로젝트 중심의 유동적인 구조를 선호한다. 예를 들어, 뷰티 브랜드 아누아를 운영하는 더파운더즈 The Founders Inc.는 'CEO STAFF팀'이라는 전략적 조직을 별도로 두고, 특정 이슈가 발생하면 즉각 투입해 문제에 대응한다.[10] 이 팀은 각 부서와 협업하는 것은 물론이고 직접 조직을 리드하며 전략·운영·채용·마케팅 등 다양한 업무를 수행한다. 이후 상황에 따라 과업 단위로 팀을 빠르게 생성 및 해체하는 식으로 기존 부서의 경계를 넘나들며 움직인다. 이러한 방식이 더파운더즈의 주도력을 강화하고 있다.

올리브영 역시 유연한 조직 운영을 중시한다. 이들은 분기별 주요 어젠다에 따라 팀의 역할과 구성을 재정비하며 조직을 수시로 조정한다. 예컨대 MD조직에서는 최근 시장의 변화에 따라 기존 카테고리를 좀 더 세분화하기 위해 기존 6개에서 9개로 팀을 개편했다. 뿐만 아니라 매년 전사 차원의 어젠다에 따라 어떤 조직이 필요한지, 역할과 책임R&R은 어떻게 가져갈지 조직 전체가 함께 고민한다. 이는 과거 MD조직의 역할을 강화해야 할 필요성이 제기되면서 실행된 일련의 변화에서 비롯되었다. 당시 올리브영은 마케팅과 마케팅 커뮤니케이션 조직을 MD조직에 통합하는가 하면, 이후 어젠다 변화에 맞춰 마케팅 조직을 재분리하고 새로운 역할을 부여하기도 했다. 이처럼 변화에 유연하게 대응하는 조직 운영 방식은 올리브영의 핵심 경쟁력 중 하나로 작용한다.

실행과 학습의 선순환 구조를 만들어라

성공한 조직의 사례를 살펴보면, 종종 그 회사만의 '비법'처럼 보이는 독특한 제도들이 눈길을 끈다. 전사 차원의 타운홀 미팅, 수평적 조직을 위한 직급 폐지, 창의적 협업을 유도하는 자율 좌석제 등이 대표적이다. 하지만 이러한 장치들이 기대만큼의 효과를 내지 못하는 경우도 적지 않다. 왜일까? 조직 문화는 단순히 구조를 바꾸는 것만으로는 달라지지 않기 때문이다.

　조직은 고정된 무기체가 아니라, 끊임없이 움직이며 환경에 반응하는 유기체에 가깝다. 사람마다 체질에 맞는 건강 관리 방식이 다르듯, 조직 역시 고유한 목적과 리듬에 맞춘 운영 방식이 필요하다. 가장 중요한 것은, 조직 문화는 '결과'가 아니라 '과정'이라는 사실이다. 전략이 아니라, 그것을 실행하는 방식. 시스템이 아니라, 그것을 움직이는 사람들의 태도에서 진짜 문화는 만들어진다.

K뷰티를 움직이는 주도력도 마찬가지다. 이는 탁월한 실행력만으로는 완성되지 않는다. 사장님이 틈 날 때마다 '주인의식'을 강조한다고 해결되지도 않는다. 젊은 직원들에게 실패를 두려워하지 않고 실행할 수 있는 권한을 위임하고, 그 실행을 통해 학습하고, 그 학습을 통해 다시 트렌드에 맞게 방향을 조정하는 선순환 구조가 조직 내부에서 작동하고 있을 때 비로소 가능한 힘이다. 이러한 유기적 구조 안에서 2030세대의 감각은 조직을 움직이고, 그 조직은 다시 시장을 움직인다. 이것이 바로 지금 K뷰티가 시장을 '따라가는' 산업에서 '주도하는' 산업으로 진화하게 된 진짜 이유다.

Do it! Like K-Beauty

1. 경험이나 결과, 실패마저도 회고하라.
권한을 넘어 책임까지 부여받는 진정한 의미의 바텀업 구조가 정착되는 데는 레슨 런 문화가 필수다. 이는 특정한 경험이나 결과에 대한 회고를 통해 새로운 인사이트를 얻는 것은 물론, 실패마저도 중시해야 하는 것이 포인트다. 왜 실패했는지 정확히 이해하고, 이를 질책하기보다는 학습의 기회로 삼을 수 있도록 학습 분위기를 형성하는 것이 중요하다.

2. 프로젝트 중심의 조직을 구성하라.
고정된 조직 구조보다 프로젝트 중심의 유동적인 구조로 전환할 수 있어야 한다. 주어진 과제를 해결하는 과정에서 각 부서와 협업하는 것은 물론 전략·운영·채용·마케팅 등 다양한 업무를 수행하면서 해당 조직의 주도력도 향상된다. 이는 곧 기업의 성과를 높이는 동시에, 구성원의 조직 만족도와 참여도를 높이는 데 기여할 수 있다.

3. 조직 전체가 조직 구성과 역할, 책임을 논의하라.
시장 변화에 따라 팀을 빠르게 신설하거나 변경하는 것은 물론이고, 매년 전사 차원에서 어젠다에 따라 어떤 조직이 필요한지, 역할과 책임은 어떻게 가져갈지 고민하는 것도 유연한 조직이 되기 위한 한 방법이다. 실제로 올리브영은 마케팅과 마케팅 커뮤니케이션 조직을 MD조직에 통합하는가 하면, 이후 어젠다 변화에 맞춰 마케팅 조직을 재분리하고 새로운 역할을 부여하기도 했다. 이는 직원들의 오너십을 키우는 과정과도 연결된다.

4

대응력

산리오부터 틱톡까지, 콘텐츠에 대응하라

K-BEAUTY TREND

라디오가 가정에 보급되기까지 25년이 걸렸고, 텔레비전이 대중화되는 데에는 15년 정도가 소요됐다. 반면 디지털 미디어의 확산 속도는 압도적으로 빠르다. 유튜브는 1억 사용자를 확보하는 데 4년, 인스타그램은 2년 6개월이 걸렸으며, 틱톡은 불과 9개월 만에 같은 성과를 달성했다. 새로운 미디어 플랫폼의 대중화 속도는 기하급수적으로 빨라지고 있다.

문제는 빠른 확산 자체가 아니라, 이러한 매체의 출현이 소비와 경제를 근원적으로 바꾼다는 사실이다. 플랫폼 환경이 달라지면서 마케팅과 유통 생태계가 크게 요동치고 있다. 틱톡·인스타그램·유튜브 등 소셜 플랫폼에서 콘텐츠 내 구매가 가능해지면서, 이들 플랫폼들은 미디어에서 유통 채널로 역할을 확장하는 추세다.

K뷰티 브랜드들은 급변하는 플랫폼 시장에 거의 실시간으로 대응하며 경쟁력을 키워왔다. 이들은 특히 틱톡으로 상징되는 숏폼의 생태계에 가장 잘 대응한 세계적인 모범 사례로 꼽을 만하다. 사진에서 동영상으로, 평균 동영상 길이보다 짧은 60초 내외의 숏폼으로 이동하는 미디어 패러다임의 변화를 빠르게 캐치하고, 단번에 시선을 사로잡는 콘텐츠와 제품을 만들어냈다. 온라인 플랫폼의 알고리즘을 파악하고, 인플루언서의 파급력을 이해하며, 노출을 크게 늘려 전 세계에 바이럴을 일으켰다. 미디어와 유통이 결합하는 시장의 변화를 읽고, 콘텐츠 내에서 즉각적 구매가 가능하도록 지원했다. 이처럼 K뷰티의 혁신은 플랫폼의 변화와 그에 대한 적응과 대응의 결과다. 미디어가 바뀔 때마다 콘텐츠가 진화하고, 유통이 변할 때마다 비즈니스 모델을 재편하는, 이 놀라운 능력이야말로 K뷰티가 글로벌 시장을 선도하는 핵심 동력 중 하나다.

> 가장 강한 종이 살아남는 것이 아니다. 가장 똑똑한 종도 아니다. 살아남는 것은 변화에 가장 잘 '대응'하는 종이다.[1]
> _찰스 다윈, 『종의 기원』

적응은 곧 생존이다. 적응이란 환경 변화에 빠르고 유연하게 대응하는 능력을 말한다. 많은 기업들은 오랜 기간

오프라인에서 마케팅과 영업 역량을 축적해왔지만, 반면 K 뷰티 기업들은 급변하는 미디어와 유통환경 변화에 즉각적으로 적절한 대응 방안을 마련함으로써 놀라운 성공 신화를 썼다. 이러한 역량을 '대응력'이라고 정의하고, K뷰티가 변화하는 온라인과 소셜 미디어 환경에 어떻게 대응해왔는지, 콘텐츠와 플랫폼 영역의 성공 사례들을 짚어볼 것이다.

콘텐츠 대응력

감정의 접점, 캐릭터 콘텐츠와의 콜라보

콘텐츠IP를 활용한 마케팅은 새로운 개념이 아니다. 이미 1980~2000년대 초반부터 캐릭터나 유명 콘텐츠를 제품에 적용하는 형태의 라이선스 마케팅은 활발히 이뤄져 왔다. 그러나 오늘날 콘텐츠IP는 단순히 주목을 끄는 수단이 아니라, 브랜드의 감정 설계, 팬덤 확장, 문화적 위치 선정, 그리고 상품 기획까지 통합하는 전략적 자산으로 진화했다. 특히 Z세대를 중심으로 밈, 세계관, 정체성 소비가 강화되면서 콘텐츠IP는 '감정과 문맥'을 갖춘 고차원적 마케팅 플랫폼이 됐다.

이런 맥락을 가장 잘 보여주는 것이 올리브영과 산리오의 협업이다. 단순한 브랜드 협업이 아니라, 콘텐츠IP를 전략적으로 활용한 마케팅의 사례라고 할 수 있다. 헬로키티, 시나모롤, 마이멜로디 등으로 잘 알려진 산리오는 일본에서 시작된 라이프스타일 캐릭터 기업으로, 전 세계적으로 폭넓은 팬층을 보유하고 있다. 올리브영은 이 강력한 캐릭터IP를 활용해 브랜드의 정체성을 새롭게 조명하고자 했다. 산리오 협업을 통해 기초·색조 화장품부터 바디케어, 이너 뷰티 등 약 200여 종의 제품이 출시됐고, 구매 금액별로 다양한 굿즈와 체험 기회가 제공됐다. 구체적인 예로 올리브영의 더마 브랜드 일소ilso도 별도의 팝업 스토어를 열어 헬로키티와 함께한 제품을 선보였다. 캐릭터가 제품을 소개하는 독창적인 콘셉트 아래, 포토존과 게임존 등 참여형 콘텐츠가 더해져 소비자의 관심을 끌었다.

　일반적으로 콘텐츠IP 마케팅은 하나의 브랜드가 하나의 콘텐츠와 단독으로 협업하는 형태로 진행된다. 이와 다르게 올리브영의 산리오 협업은 단일 브랜드가 아닌 수십 개의 입점 브랜드들이 하나의 콘텐츠IP를 공유하는 방식으로 전개됐다. 즉, 중소 브랜드는 올리브영과 함께 상품 기획력을 높이고, 강력한 마케팅 자원을 투자 받는 기회를 얻게 된 것이다. 이는 올리브영이 단순한 유통 플랫폼을 넘어 콘텐츠를 기획하고 조율하는 허브로 진화했다는 점에서 기존 방식과 분명한 차별성을 지닌다. 브랜드와 유통사가 합심해 동반 성장하고, 건강한 K뷰티 생태계를 만드는 또 하나의 사례를 창출해 냈다는 데에도 의의가 있다.

　캐릭터를 활용해 차세대 제품을 기획하는 역량 자체가 향상되고 있다는 점도 주목할 만하다. 성분과 기능의 차별화 이후, 매력을 높이는 기획으로 외부의 콘텐츠를 활용하는 것이다. 단지 인기 있는 캐릭터와 협업하는 것이 아니라, 브랜드 정체성과 캐릭터의 매력이 조화를 이루는 협업이 최근 들어 늘고 있다. 덕분에 뷰티에 관심이 없는데도 불구하고, 매력적인 캐릭터에 이끌려 화장품을 구매하는 소비자까지 등장했다. 어뮤즈[AMUSE]는 괌과 하와이에서만 판매하는 '태닝 헬로키티' 콘셉트를 차용해 여름 준비 뷰티템을 선보였다. 쿠션·틴트·선크림 등을 조합해 귀여운 미니 캐리어 세트를 출시했는데, 헬로키티의 사랑스러움과 '트로피컬 바캉스를 떠난다'는 여름 콘셉트가 절묘하게 맞아 매력을 더했다. 피지오겔은 '가족이 함께 여름을 준비한다'는 브랜드 메시지와 온 가족이 사랑하는 '짱구' 캐릭터의 친근함이 완벽하게 부합하는 콜라보를 선보였다.[2] 땀으로 인한 피부 트러블 케어를 돕는 바디 제품 비클리닉스[b.clinicx]는 활동적이고 건강한 이미지의 〈달려라 하니〉 캐릭터와 협업해 '운동 후 샤워'라는 콘셉트를 자연스럽게 표현했다.

　콘텐츠IP는 더 이상 '빌려 쓰는 이미지'가 아니다. 브랜드 정체성과 시장 내 위치를 재정의하는 하나의 언어다. 현대 소비자는 제품 자체보다 그것이 연결된 이야기와 상징성

콘텐츠 IP는 더 이상 '빌려 쓰는 이미지'가 아니다. 뉴트로 감성, 키덜트 문화, SNS 밈과 긴밀히 연결돼 소비자의 감정을 건드리는 하나의 언어이며, 브랜드가 정체성과 세계관을 설계하는 전략적 자산이다.

에 더 민감하게 반응한다. 산리오를 비롯한 각종 콘텐츠IP는 각기 다른 세대에게 뉴트로 감성, 키덜트 문화, SNS 밈과 긴밀히 연결된 콘텐츠이고, 세대와 콘텐츠 간의 접점과 감정을 정확히 읽어낸다면 소비자 일상 속으로 자연스럽게 스며들수 있다. 그 과정에서 브랜드는 광고가 아니라, 소비자가 소비하고 싶은 콘텐츠의 일부가 되는 것은 물론이다.

쇼핑 말고 '숏핑', 콘텐츠 커머스

소셜 플랫폼은 유통의 생태계를 바꿨다. 콘텐츠를 보다가 바로 구매까지 할 수 있는 콘텐츠 커머스 시대가 열리면서, K뷰티는 새로운 기회를 맞았다. 다양한 숏폼 콘텐츠를 통해 소개될 뿐만 아니라 해당 콘텐츠 내에서 바로 구매할 수 있는 콘텐츠 커머스의 큰 수혜자가 된 것이다. 콘텐츠 커머스란 콘텐츠 시청 경험 안에서 자연스럽게 제품 발견, 관심 유발 그리고 최종 구매까지 이어지는 형태의 유통을 말한다. 최근에는 숏폼과 쇼핑을 붙여 '숏핑'이라는 신조어를 쓰기도 한다.

숏핑은 전통적인 구매 단계를 혁신적으로 단축했다는 점에서 의미가 있다. 전통적인 마케팅 과정에서 소비자는 '인지 → 관심 → 고려 → 구매'의 단계를 따라 이동했다. 그런데 숏폼 플랫폼의 등장과 함께 이 과정이 극적으로 단축된 것이다. 이제 15초짜리 영상 하나로 제품을 발견하고, 바로 그 화면에서 구매까지 완료하는 시대다. K뷰티 브랜드들은 이러한 변화를 누구보다 빠르게 포착하고, 콘텐츠와 커머스를 융합시키면서 새로운 판매 생태계를 구축해왔다.

이 변화의 핵심에는 어필리에이트^{Affiliate} 프로그램이 있다. 어필리에이션은 원래 기업이 제휴사와 협력해 상품이나 서비스를 홍보하고 제휴 링크를 통해 실제 발생한 성과(판매, 회원가입, 앱 설치 등)에 따라 사전에 약속된 수수료를 지급하는, 성과 기반 제휴 마케팅이다. 최근 몇 년 사이 SNS 플랫폼들이 적극적으로 쇼핑 기능을 강화하면서, 어필리에이션은 제휴 마케팅을 넘어 SNS 플랫폼이 유통 플랫폼으로 확장하는 핵심 요소가 되고 있다.

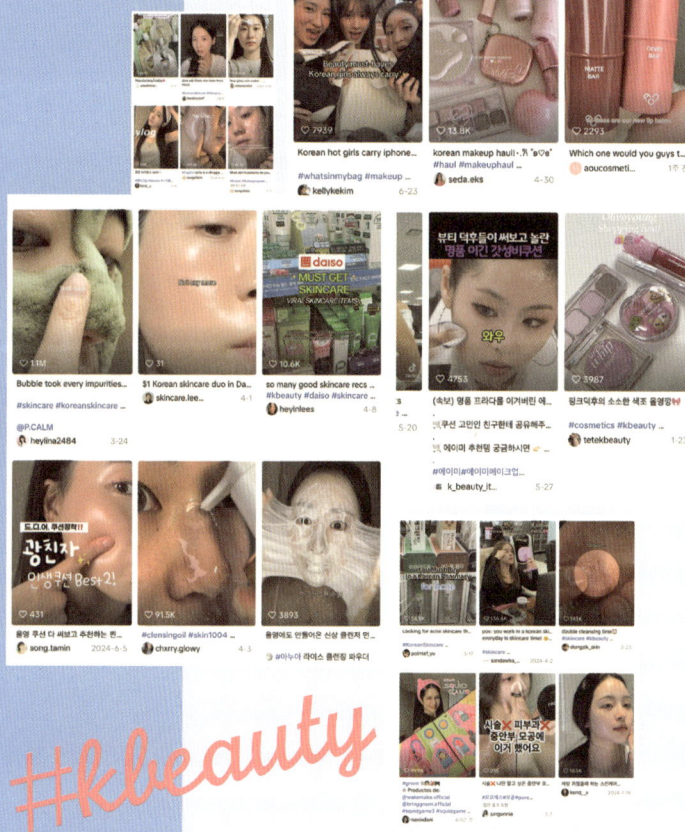

#kbeauty

틱톡의 #kbeauty 해시태그 게시물은 16억 개가 넘는다. 2024년 한 해에만 약 77만 개의 게시물이 공유됐으며 틱톡숍을 통해 직접 뷰티 제품을 구매하는 소비자들이 빠르게 늘어나는 중이다.

유튜브는 미국 외 국가에서는 최초로, 2024년 6월 한국에서 유튜브 쇼핑 제휴 프로그램을 출시했다. 크리에이터가 콘텐츠에 태그를 달면 시청자는 태그를 클릭해 제품을 구매할 수 있고, 크리에이터가 자체 브랜드를 보유하고 있는 경우에는 유튜브에 전용 스토어도 개설할 수 있다. 소비자 입장에서는 유튜브가 미디어 플랫폼이자 유통 플랫폼이 되는 것이다.

유튜브 쇼핑은 빠르게 성장하는 추세다. 유튜브 쇼핑 제휴 프로그램 출시 후 제품이 태그된 동영상의 수는 95만 개가 넘는다.[3] 유튜브 쇼핑은 2024년 거래액 1,000억 원을 달성했고, 2025년에는 4배 성장한 4,000억 원을 달성할 것으로 예상된다.[4] 이러한 추세에 고무돼 쿠팡·올리브영 등 제휴 유통업체를 늘리며 커머스 영역으로의 확장을 꾀하고 있다. 앞으로 유튜브가 K뷰티의 또 다른 유통 플랫폼으로 떠오르게 될지 귀추가 주목된다.

틱톡 또한 통합 커머스 플랫폼 틱톡숍을 운영하고 있다. 틱톡숍은 2023년 9월 공식 론칭됐는데, 틱톡숍이 K뷰티의 성장에 갖는 의미는 두 가지로 요약된다.

첫째, 틱톡숍은 다른 SNS 플랫폼과 달리 앱 내에서 바로 구매가 가능하다. 외부 링크에 접속하기 위해 앱을 떠나지 않아도 된다는 뜻이다. 사용자들은 영상을 보다가 마음에 드는 제품을 발견하면 바로 구매할 수 있다. 구매 과정에서 발생할 수 있는 모든 마찰과 이탈 요소를 제거, 완전한 원스톱 쇼핑으로 즉각적 소비를 발생시킨다는 점에서 K뷰티에 기회가 됐다. 실제로 틱톡은 구매 전환율이 매우 높다. 미국 틱톡숍에서 뷰티 카테고리의 총 거래액GMV은 최근 12개월간 18억 3,000만 달러(약 2.5조 원)에 달해 단일 카테고리 중 가장 높은 매출을 기록한 것으로 알려져 있다.[5]

> 틱톡에서 보통 가장 많이 강조하는 메시지가 있어요. 바로 '틱톡 유저들은 콘텐츠를 보고 구매까지 이어지는 전환율이 매우 높다'는 거예요. 실제로 세일즈 조직이 광고주들에게 광고 집행을 설득할 때 가장 중요하게 전달하는 내러티브이기도 해요. _알리익스프레스 마케팅 팀장(전 틱톡·구글 매니저) 안정기

둘째, 틱톡숍의 독특한 어필리에이션 프로그램과 K뷰티가 만나 시너지 효과가 극대화됐다. 틱톡의 제휴 시스템 **어필리에이트** 마켓플레이스Affiliate Marketplace는 2023년 틱톡숍의 글로벌 공식 론칭과 함께 본격 도입됐다. 어필리에이트 마켓플레이스 내에서 브랜드(셀러)가 제품을 등록하면 크리에이터(어필리에이터)가 앱 내에서 원하는 상품을 직접 선택해 홍보하고, 판매 성과에 따라 커미션을 받는 방식이다. 다른 SNS에서는 브랜드가 인플루언서에게 개별적으로 제휴를 제안하는 것과 반대다. 틱톡숍은 브랜드와 크리에이터가

앱 내에서 쉽게 연결되고 자동으로 커미션이 정산될 수 있도록 프로그램을 구축한 것이다. 틱톡의 이러한 시도는 누구나 쉽게 콘텐츠 커머스에 참여할 수 있도록 만들었고, 결과적으로 K뷰티가 세계적으로 알려지는 데 큰 역할을 했다.

K뷰티 브랜드들은 어필리에이트 프로그램을 제대로 활용할 줄 알았다. 앞서 언급한 시딩처럼 공격적으로 제휴 마케팅을 하면서 언급량을 늘리고, 바이럴을 만들어냈다. 눈에 띄게 성공한 사례가 아누아로, 아누아는 틱톡을 활용해 북미 시장에서 인지도를 높이고 매출로 연결했다. 아누아의 브랜드 관련 콘텐츠는 12만 5,000개 이상, 총 조회 수 24억 뷰를 기록했다. 특히 대표 제품인 '어성초 포어 컨트롤 클렌징 오일'은 관련 해시태그가 붙은 콘텐츠가 3억 3,000만 뷰를 넘어서며 소비자들의 높은 관심을 받았다. 이는 미국 시장 진출 3년 만에 달성한 성과였다.[6]

어필리에이트 마케팅

디지털 마케팅에서 성과 기반Perfomance-based 전략의 대표격으로, 이커머스와 인플루언서 경제의 부상과 함께 주목받고 있다. 제휴된 개인이나 매체가 상품을 홍보하고 실제 구매나 클릭, 구독 등의 성과가 발생한 경우에만 수익을 얻는 방식이다. 추천 링크를 통해 구매 시 커미션을 제공하는 형태로 1990년대 후반 아마존이 최초로 도입했고, 이후 틱톡숍, 유튜브, 메타, 쿠팡 파트너스 등 대형 플랫폼의 핵심 비즈니스 전략으로 채택되고 있다.

성분, 효능, 백엔드까지 검색 최적화 전략

틱톡에서 알리고 아마존에서 팔아라.[7]

이 문장은 K뷰티 브랜드들이 글로벌 시장에서 거둔 성공을 요약한다. 틱톡에서 쌓은 인지도는 인앱$^{In-app}$ 결제로 연동되기도 하지만 여전히 아마존은 강력한 구매 플랫폼이다. K뷰티 브랜드들은 아마존에서 판매량 1위를 달성하기 위해 철저하게 트래픽을 집중시켰다. 이를 위해 검색 키워드 및 제품 페이지를 최적화하는 전략을 적극적으로 실행했고 코스알엑스를 비롯해 다양한 브랜드들이 이를 통해 미국 아마존 판매량 1위를 차지하면서 성공 신화를 써나갔다.

이들의 전략을 구체적으로 살펴보면 이렇다. 일단 입점이 중요하다. 온라인 쇼핑몰은 오프라인 매장에 비해 입점 제약이 적은 편이다. 매대의 제한이나 임대료 개념이 없기 때문이다. 하지만 '비교적' 용이하다는 것이지, 아무 브랜드나 아마존 같은 쇼핑몰에 입점할 수 있는 것은 아니다. 관계자들의 말에 의하면, 아마존을 비롯한 해외 온라인몰에 입점할 때 가장 중요한 서류는 '한국 올리브영 매대에 진열돼 있는 사진'이라고 한다. 올리브영에 입점해 있는지, 몇 번째 매대에 진열되는지, 나아가 해당 카테고리 안에서 올리브영 순위는 몇 위인지 등이 아마존이나 큐텐^{Qoo10} 같은 글로벌 메가 쇼핑몰 입점의 기준이 된다는 것이다. 한국 시장에서 통하면 세계 어디서든 통할 수 있다는 사실을 방증하는 흥미로운 현상이다.

연구진이 만난 K뷰티 전문가들은 아마존에서는 '검색 키워드'가 중요하다고 대부분 입을 모은다. 예를 들어, 아마존에서 선크림 부문 1위를 차지한 조선미녀는 롱테일 키워드를 활용해 특정 의도를 가진 사용자에게 도달율을 높인 것으로 알려져 있다. 롱테일 키워드란 한 단어로 이루어진 일반적인 검색어보다 더 길고 상세한 문장으로 구성된 검색어를 말한다. 보통 단어가 세 개 이상일 때 롱테일 키워드라고 한다. 마케딩에서 롱테일 키워드가 중요한 이유는 긴 문장으로 검색하는 방문자일수록 구체적인 정보를 원한다는 뜻이고, 구체적인 정보는 높은 구매 의도를 나타내므로 구매 전환으로 이어질 가능성이 더 높기 때문이다. 조선미녀의 경우 'Oily Skin Sunscreen Korean', 'Best Sunscreen For Sensitive Skin', 'Sunscreen That Doesn't Leave White Cast'와 같이 소비자들이 특정 문제를 해결하기 위해 검색하는 구체적인 키워드를 고려해 콘텐츠를 구성했다.

하나의 단순한 메시지를 선호하는 미국 소비자의 특성을 고려해, 제품의 '성분'에 초점을 맞춘 것도 유효한 전략이었다. 한 뷰티업계의 전문가는 이를 '성분 플레이'라고 부르며 아마존을 비롯한 온라인 플랫폼에서도 중요한 마케팅

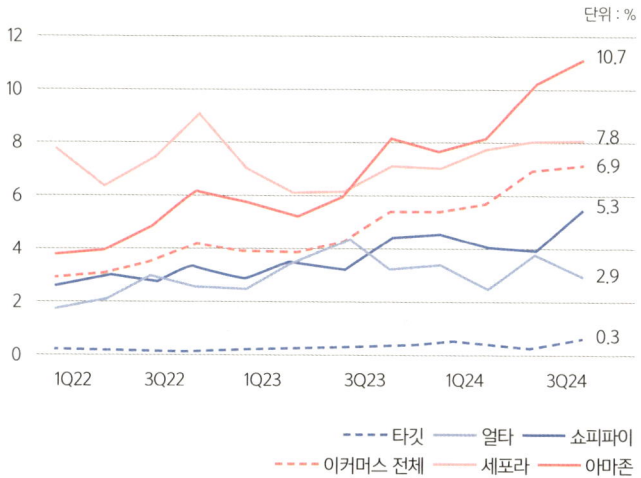

한국 화장품의 미국 이커머스 리테일별 침투율은 점점 증가하는 추세다. 국내 리테일에서 보인 성과를 근거로 해외 리테일에 비교적 용이하게 입점하는 현상이 두드러지고 있다.

출처 : K뷰티의 현황과 전망 / 삼성증권, 2025.03.

키워드로 자리 잡았음을 시사했다. 조선미녀의 경우 단순히 선크림Sunscreen이라는 광범위한 키워드보다는 '맑은쌀 선크림Relief Sun: Rice+Probiotics', '한방 뷰티Hanbang Beauty'같이 특정 효능이나 원료를 강조했다.[8] 한방韓方을 번역하면 'Oriental Medicine'인데, 이걸 'Hanbang'이라고 이름 붙인 것이 재미 있는 포인트이자 전략이다. 아누아도 비슷한 케이스다. 아누아는 한때 국내외에서 인지도가 낮았으나 '어성초 토너Heartleaf Toner'라는 키워드가 틱톡에서 바이럴되면서 아마존

Global #1
Best-Selling Collagen Mask

Bio Collagen
Real Deep Mask

4 sheets x 1.19 OZ. (34g)

** From Feb 2024, Ongoing #1 Best Seller on Amazon Facial Mask
** As of Sep 7th 2024, #1 Best Seller on Amazon Beauty&Personal Care
** Winner of 2024 Olive young Awards and Global Trend

미국 아마존 뷰티 카테고리에는
K-Beauty가 첫 번째로 자리한다.
여기서 올리브영 순위와 '올리브영 어워즈'는
미국 소비자들도 눈여겨보는 정보다.

일반 키워드 vs. 롱테일 키워드 구매 전환율

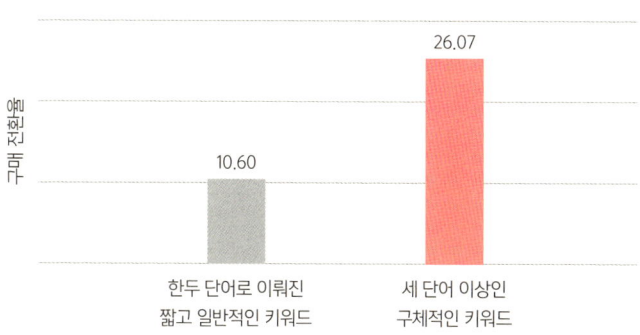

출처 : 롱테일 키워드 활용 사례와 마케팅 적용 방법 / 2024.04.

검색량이 높아지기 시작했다. 아누아는 검색 엔진에서 콘텐츠나 검색 결과가 더 잘 노출되도록 구조와 내용을 개선하는 전략을 가다듬어, 특히 아마존에서의 검색 엔진 최적화SEO, Search Engine Optimization와 리뷰 마케팅을 통해 해당 키워드로 상위 노출을 극대화했다. 이 전략으로 아마존 매출이 500% 급증하며 글로벌 시장에서 브랜드 인지도를 크게 높였다.[9]

미국은 '하나의 성분을 앞세우는' 것이 현재 굉장한 트렌드다. 히알루론산·달팽이 뮤신·콜라겐 등 딱 하나의 성분으로 설명해야 한다. 미국 시장에서는 어려우면 안 된다. "Heartleaf? What Is That?(어성초? 그게 뭐야?)" 하면서 "Just

That One Thing, And You're All Set.(그거 하나로 모든 게 된대.)" 하면 집중하고 보기 시작한다. _로레알 임원

K뷰티는 제품 페이지를 설계하는 것도 남다르다. 공식적인 발표는 없었지만, 업계에서는 2021년 이후로 아마존의 알고리즘이 A9에서 A10 모델로 큰 전환이 있었다고 지적한다.[10] A10 알고리즘의 가장 큰 특징은 판매자의 신뢰도에 큰 가중치를 부여한다는 점이다. 이로 인해 '양질'의 콘텐츠가 더욱 중요해졌다. K뷰티 브랜드들은 제품 이름, 핵심 특징을 '·(중점)', '-(대시)', '→(화살표)' 등 기호로 정리한 불릿 포인트와 상세 설명에 담고, 고객에게는 보이지 않는 백엔드 검색어 영역에도 관련 키워드를 전략적으로 배치함으로써, 아마존의 A10 알고리즘에 최적화된 제품 페이지를 구축했다. 특히 제품 이미지에 큰 투자를 했는데, 한국적인 미니멀하고 깔끔한 디자인을 바탕으로 제품의 텍스처, 사용법, 비포&애프터 효과를 직관적으로 보여주는 인포그래픽 스타일의 이미지들을 활용했다. 제품 설명에서는 검색어와 마찬가지로 달팽이 뮤신, 센텔라, 히알루론산 등 K뷰티만의 독특한 성분을 강조하며 차별화를 꾀했다.

플랫폼 대응력

브랜드 A는 시장에 등장한 지 이제 6개월차에 접어든 화장품 브랜드다. 관련 업계에서 화장품 시장을 지켜보다 유망한 아이템을 발굴해 창업에 이르렀다. 창업 전부터 출시까지, 오랜 시간 크고 작은 수정을 거쳤기에 제품력 하나만은 자부할 수 있다. 이제 이 좋은 제품을 알려야 한다. 특히 시장을 좀 더 넓게 보고 한국을 넘어 미국까지 진출하고 싶은 욕심이 있다. 문제는 자본이 넉넉하지 않다는 점이다. 한정된 자원으로 최대 효과를 내야 한다. 브랜드 A는 어떻게 마케팅해야 할까?

비용이 많이 드는 오프라인 광고보다는 온라인 채널에서 승부를 보는 것이 현명하다. 온라인에서는 인플루언서가 중요하다고 하니, 인플루언서 마케팅을 실시하기로 한다. 여기서 또 고민이 생긴다. 한정된 마케팅 비용을 한 명의 메가 인플루언서에게 몰아서 사용할 것인가, 여러 명의 마이크로 인플루언서에게 분배해서 사용할 것인가? 이를테면, 5,000만 원을 100만 팔로워를 가진 인플루언서 한 명에게 집중하느냐, 팔로워가 5,000명인 인플루언서 50명에게 100만 원씩 분산하느냐의 문제다.

결론부터 이야기하면 브랜드 A는 소수의 메가 인플루언서나 연예인보다 다수의 마이크로 인플루언서를 촘촘하게 활용하는 것이 맞다. 단지 예산이 부족해서가 아니다. 세계 뷰티 시장에서 작은 아이템으로 출발하기 위해서는 인스타그램·유튜브보다는 틱톡이 효과적이고, 틱톡 안에서는 브랜드 A의 아이템에 어울리는 마이크로 인플루언서를 잘 선별해 마케팅을 펼치는 것이 비용 대비 효과가 크기 때문이다.

절대적으로 옳은 답은 없다. 상황에 따라 다를 뿐이다. 전통 있고 브랜드 파워가 큰 소위 레거시 뷰티 기업의 경우, 비싸더라도 영향력이 큰 메가 인플루언서나 연예인을 활용해 브랜드 자산을 키우는 것이 나을지도 모른다. 하지만 규모가 작은 브랜드 A에는 효과적인 방안이 아니다. 새롭게 해외 시장을 개척해야 했던 많은 K뷰티 인디 브랜드의 행보가 그 증거다. 실제로 현장을 대응해왔던 인디 브랜드들은 작지만 효과적인 인플루언서들과 관계를 맺어가며 자사 제품을 알렸다.

참여도 기반의 알고리즘 등장

K뷰티의 성공을 이해하려면 틱톡Tik-Tok을 이해해야 한다. 우리나라에서는 인스타그램이나 유튜브에 비해 대중적이지 않기 때문에 틱톡을 그저 "어린애들이 많이 한다더라" 하는 정도로 치부하는 경향이 있다. 하지만 틱톡은 글로벌 뷰티 시장에서 엄청난 파괴력을 가진 플랫폼이다. K뷰티가 세계

적으로 흥행하는 데 미친 틱톡의 영향력은 압도적이다. 유로모니터 인터내셔널의 조사에 따르면, 틱톡은 2024년 소셜미디어 기반 뷰티 제품 판매율을 22% 증가시킨 것으로 나타났다.[11] 퓨처 마케팅 인사이트에 따르면, K뷰티 해시태그(#kbeauty)가 달린 틱톡 게시물은 16억 개 이상이며, 2024년 한 해에만 약 77만 개 이상의 게시물이 공유됐다.[12] 응답자의 53%가 틱톡숍을 통해 K뷰티 또는 K푸드 제품을 구매했다는 조사결과도 있다.[13] 글로벌 시장조사 기업 클라인컴퍼니는 틱톡이 K뷰티 탐색을 위한 주요 플랫폼으로 자리 잡았으며, 구글과 같은 전통적인 검색엔진을 능가하고 있다고 지적한다.[14]

인스타그램이나 유튜브의 작동 원리는 팔로워 기반이다. 팔로워에게 콘텐츠가 노출되는 구조이기 때문에 당연히 팔로워가 많을수록 콘텐츠가 더 많이 확산된다. 반면 틱톡은 팔로워 수가 아닌 콘텐츠의 참여도 engagement를 기반으로 영상을 추천한다. 사용자의 좋아요, 댓글, 공유, 시청 시간 등의 상호작용을 분석해 콘텐츠의 관련성과 품질을 파악하고, 이를 기반으로 개인 맞춤형 피드를 제공한다. 여기서 중요한 것은 챌린지와 바이럴로, 특정 콘텐츠가 챌린지 형태로 재생산되고 바이럴되면서 확산되는 구조다. 다시 말해 팔로워 수보다 사람들의 흥미를 당기고 알고리즘이 밀어줄 만한 챌린지를 생산할 수 있느냐가 더 중요하다. 일례로 대구에 사는 한 학생은 공중부양을 하는 것처럼 보이는 슬릭백 댄스 영상을 올렸는데, 챌린지 영상으로 확산되면서 불과 5일 만에 2억 뷰 이상의 조회 수를 기록했고, 20만 개의 댓글이 달렸다.[15] 팔로워가 적은 마이크로 인플루언서나 일반 사용자가 만든 영상도 바이럴될 가능성이 높다는 의미다.

> 틱톡은 '포유 페이지'라는 알고리즘 기반 추천 시스템을 중심으로 콘텐츠가 소비됩니다. 예를 들어, 인스타그램이나 페이스북은 내가 팔로우하거나 친구로 연결된 사람들 중심으로 콘텐츠가 뜨잖아요. 유튜브도 대부분 내가 구독한 채널 위주의 추천이 많고요. 그런데 틱톡은 사용자의 소셜 그래프보다 콘텐츠 그래프를 중심으로 작동합니다. 즉, 누가 만들었는지가 아니라, 어떤 유형의 콘텐츠인지, 내가 어떤 콘텐츠에 흥미를 보였는지에 따라 영상이 추천되는 구조예요. 그래서 팔로우 여부와 관계없이 내 관심사에 맞는 콘텐츠가 바로바로 뜨는 거죠. 콘텐츠 중심 추천 시스템은 틱톡의 가장 강력한 경쟁력입니다. 실제로 이 틱톡의 콘텐츠 그래프 알고리즘은 MIT가 선정한 가장 각광받을 10대 기술 중 하나로 GPT-3과 함께 꼽히기도 했어요. _알리익스프레스 마케팅 팀장(전 틱톡·구글 매니저) 안정기

팔로워 기반에서 참여도 기반으로의 알고리즘 변화는 구매 행위도 바꾼다. 틱톡의 FYP$^{\text{For You Page}}$는 몇 개의 콘텐츠만 골라 봤을 뿐인데 그 사람이 어떤 콘텐츠를 좋아할지 정확하게 예측한다. 소비자 입장에서는 같은 광고 콘텐츠라도 몰입도가 높고, 거부감이 낮은 편이다. 이러한 참여도 기반 알고리즘은 콘텐츠에서 구매로 전환되는 비율도 높다. 내가 관심 있는 콘텐츠이기 때문에 구매가 더 많이 발생하는 것이다.

광고의 패러다임을 바꾼 시딩 마케팅

참여도 기반 알고리즘은 광고 패러다임도 바꾼다. 여론 전파 피라미드의 가장 꼭대기를 공략하는 게 아니라, 가장 밑에 있는 사람들에게 촘촘히 다가가게 한다. 우리 브랜드를 가장 유명하게 만들어줄 빅 모델 단 한 명에게 기대는 것이 아니라, 다수의 인플루언서들과 지속적으로 관계를 맺어야 한다는 뜻이다. 이러한 관계는 어떻게 이뤄질까?

> 예전에는 진짜 빅 인플루언서들 아니면 빅 인플루언서가 참여한 드라마를 통해서 바이럴이 됐는데요. … 실제 바이럴은 그런 빅 인플루언서가 아니라 틱톡에서 다수의 마이크로 인플루언서들에게 진행된 시딩을 통해 이뤄지고 있어요. 성장하고 있는 브랜드들은 한 달에 1만 명을 시딩해요. 방식이 완

전 달라졌어요. 그러니까 옛날에는 피라미드의 가장 꼭대기를 공략했다면, 지금은 가장 밑에 있는 사람들을 공략하는 거죠. _LG생활건강 임원

이 지점에서 '시딩'이라는 개념이 등장한다. 시딩Seeding이란 말 그대로 '씨앗을 뿌린다'는 뜻이다. 제품이나 서비스가 시장에 자연스럽게 퍼지도록 마케팅 전략을 세우는 것이다. 초기 단계에서는 인플루언서·전문가·미디어·일반 소비자 등에게 무료로 제품을 제공해 사용 경험을 유도하고, 이를 통해 긍정적인 입소문과 콘텐츠를 확산시키는 일련의 과정이다.

마이크로 인플루언서 시딩 → 틱톡 언급량 증가 → 아마존 랭킹 상승은 북미 시장에서 자리 잡은 대부분의 K뷰티 브랜드들이 거쳐간 궤적이다. 메디힐MEDIHEAL의 토너 패드가 대표적인 사례. 미국에서 토너 패드는 인기 있는 아이템이 아니었다. 하지만 2023년 8월, 5만~7만 명 규모의 팔로워를 보유한 마이크로급의 틱톡 인플루언서가 메디힐의 토너 패드 제품을 소개한 후 판매가 증가했고, 결국 메디힐의 토너 패드는 아마존 미국 토너 카테고리에서 1위를 차지했다. 그리고 이 제품에 대한 관심은 메디힐의 '티트리 카밍 모이스처 앰플' 등 다른 제품으로 번져 나갔다. 아마존코리아 소비재 사업 개발팀 윤수정 매니저는 이러한 K뷰티의 성

공 구조를 '소셜 미디어―매출의 정비례 관계 현상'이라고 설명한 바 있다.[16]

여기서 짚고 가야 할 점은 한국의 유명한 틱톡커가 만든 콘텐츠를 미국 사람들이 본 것이 아니라, 미국 현지 인플루언서가 한국 제품을 노출하도록 만들었다는 점이다. K뷰티 브랜드는 해당 지역의 로컬 인플루언서를 전략적으로 활용하면서 인지도를 쌓아올렸다. 전문가들은 세간의 예상처럼 '한류'가 직접적으로 지금의 K뷰티를 만든 것은 아니라고 지적한다. K팝·K드라마 등 K콘텐츠는 한국에 대한 인지도를 높이고 한국 문화의 저변을 넓힘으로써 K뷰티가 성장할 수 있는 간접적 토양을 만든 것은 사실이지만, K뷰티가 성공할 수 있었던 직접적인 이유는 현지의 인플루언서 마케팅의 공이 컸다는 분석이다.

인플루언서에게 제품을 경험시키는 시딩 마케팅은 다른 산업에서도 중요해지고 있다. 국내 패션 플랫폼 W컨셉은 미국 시장 진출 시 인플루언서 시딩 마케팅을 체계적으로 도입한 대표적인 경우다. W컨셉은 미국 현지 인플루언서들과 협업해 W컨셉 입점 브랜드의 제품을 체험용으로 제공하고, SNS에 스타일링 콘텐츠, 리뷰, 언박싱 영상을 제작해 올리도록 했다. 2023년부터는 브랜드와 글로벌 인플루언서를 연결하는 '인플루언서 매니징 플랫폼'을 론칭해, 입점 브랜드와 콘셉트에 맞는 글로벌 인플루언서를 매칭하고 있

다.[17]

헤어 뷰티템으로 유명한 나르카^{NARKA}는 새로운 패키지가 출시되거나 새로운 시장에 진출할 때마다 인플루언서에게 시딩을 한다. 최근에는 국내 인플루언서들이 '설 선물 세트'를, 일본 인플루언서들이 '헤어 미스트'를 인증하며 나르카의 부지런한 시딩 전략이 화제를 모으기도 했다. 일회성으로 제품 시딩을 하는 것이 아니라 주기적으로 인플루언서와 관계를 쌓는 것이 핵심이다. 업계 관계자는 "복권에 당첨되기 위한 첫 번째 비결은 '복권 구매'라는 농담이 있듯, 시

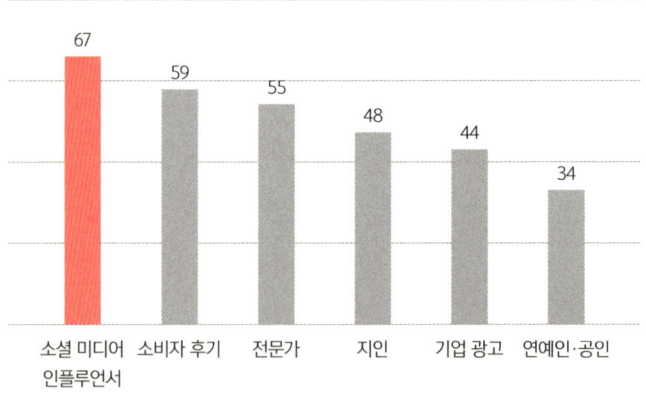

화장품 구매 전 정보 습득 경로

단위 : %

소셜 미디어 인플루언서	소비자 후기	전문가	지인	기업 광고	연예인·공인
67	59	55	48	44	34

소비자들은 화장품 구매 시, 인플루언서의 정보를 가장 많이 참고하는 것으로 드러났다. 빅 인플루언서로 여겨지는 연예인의 영향력이 줄어든 것 또한 주목할 만하다.

*소비자 설문 기반, 중복 선택 포함
출처 : K뷰티의 현황과 전망 / 삼성증권, 2025.03.

딩이 성공하기 위해서는 반복적인 시도가 필수"라고 말한다. 구체적인 목표를 세우고 운동하듯, '꾸준히' 인플루언서와 관계를 쌓아야 한다는 뜻이다.[18]

> 결국은 마이크로 인플루언서들과 일일이 관계를 가져가야 하는데 그러려면 전담하는 팀이 있어야 해요. 인디 브랜드들은 CEO가 직접 하기도 하고요. 예를 들어, 한 인플루언서가 90만 명의 팔로워를 가진 사람이었는데 100만이 된 거예요. 그러면 케이크 사들고 가서 "축하해" 해주는 거죠. 그럼 이 관계는 단순히 회사와 광고 모델의 관계가 아닌 거예요. 호의를 받으면 포스팅을 잘 할 수밖에 없잖아요. _LG생활건강 임원

시딩 마케팅이 중요해지면서 대행사 규모 역시 커지는 추세다. 국내 인플루언서 마케팅 플랫폼 중 높은 인지도를 가진 레뷰코퍼레이션REVU Corporation은 2021년 대비 2023년

시딩 마케팅

'씨앗을 뿌리듯' 소비자 또는 시장에 메시지나 제품을 퍼뜨리는 마케팅 전략이다. 보통 마케팅 전략 초기 단계에서 활용된다. 인플루언서에게 신제품을 미리 전달해 자발적 후기나 확산을 유도하는 인플루언서 시딩, 밈이나 챌린지 등을 특정 커뮤니티나 SNS에 배포하는 콘텐츠 시딩, 타깃 소비자에게 제품을 소량 제공하고 후기를 유도하는 체험단 시딩으로 나뉘기도 한다. '시딩 박스'는 제품 또는 브랜드 메시지를 담은 패키지(박스)를 제작해 인플루언서나 핵심 타깃에게 선물처럼 전달하는 것을 말한다.

매출 489억 원, 영업 이익 75억 원으로 3년 만에 매출은 약 112%, 영업 이익은 240% 증가했다. 앞으로 인플루언서를 활용한 마케팅의 규모는 점차 커질 전망이다. 시딩 마케팅에만 한정된 전망치는 아니지만, 골드만삭스는 2023년 약 2,500억 달러(약 348조 3,000억 원)로 추정되는 크리에이터 이코노미 글로벌 시장 규모가 2027년에는 약 4,800억 달러(약 668조 7,360억 원)로 성장할 것이라 예측한다.[19]

인스타그램 vs. 틱톡

포털·인스타그램·유튜브가 아니라, 틱톡이 주된 마케팅 미디어가 된다는 것은 어떤 의미일까? 인스타용으로 만들어뒀던 내용을 틱톡에 뿌리면 되는 것일까? 유튜브 동영상을 찍기 위해 만든 스크립트를 주욱 읽으면 되는 것일까? 그렇지 않다. 틱톡에는 틱톡만의 문법이 있다. 마샬 맥루한이 일찍이 설파했던 대로, 매체^{Media}는 내용^{Message}을 바꾼다.

    화장품 광고를 예로 설명해보자. 라디오 시대에는 효능을 상상할 수 있게 해주는 '멘트'가 중요했고, TV 시대에는 여배우의 피부를 시각적으로 강조하다 보니 스타 중심의 광고 캠페인이 유효했다. 인터넷의 발달과 함께 등장한 포털 시대에는 성분에 대한 검색이 용이해지면서 '성분 키워드형 마케팅'이 등장했다. 모바일과 함께 확산된 인스타그램은 비주얼이 중요한 SNS답게 브랜드의 감성을 보여주는 콘텐츠가 많다. 그에 따라 뜨는 제품도 바뀐다. 인스타그램에서는 소위 '찍는 맛'이 있는, 다양한 발색이 가능한 색조 중심의 메이크업 제품이 화제가 되거나 시각적으로 예쁜 패키징이 제품만큼 중요하다.

> 인스타는 좀 멋스러워야 되고 날것보다는 '난 트렌디해, 멋있어, 힙해'를 보여줄 수 있어야 해요. 유튜브는 소통이 매우 중요해요. _뷰티 인플루언서 조효진

틱톡은 인스타그램과는 또 다르다. 틱톡의 가장 큰 특징은 15초에서 3분 내외의 짧은 영상에 집중한다는 점이다. 물론 인스타의 릴스, 유튜브의 숏츠도 같은 숏폼 형태지만, 틱톡은 차원이 다르다. 태생부터 숏폼 SNS로 출발했다. 짧은 틱톡 영상은 사진과 달리 '변화'를 보여주는 데 매우 효

	인스타그래머블 마케팅	VS.	틱톡커블 마케팅
콘텐츠	이미지 중심, 감성적 연출		짧은 영상, 즉시 반응
바이럴 요소	고품질 이미지, 스토리텔링, 감성적 비주얼		챌린지, 재미, 별칭, 시각적 충격, 독특한 텍스처
커뮤니케이션 전략	패키징, 컬러, 콘셉트 강조		제형, 사용감, 비포&애프터 변화 강조
콘텐츠 제작 주체	전문가 및 인플루언서 제작 콘텐츠		마이크로 혹은 나노 인플루언서, 일반인 제작

과적이다.

K뷰티 브랜드들은 이러한 틱톡의 특성을 활용해 '비포&애프터', '스킨케어 루틴', '제품 사용 꿀팁' 등 시각적인 변화를 극대화하는 콘텐츠로 세계 시장을 겨냥했다. 특히 비포&애프터의 차이를 얼마나 직관적으로 보여주는지가 틱톡 영상의 정수로 꼽힌다. 일례로 조선미녀의 '맑은쌀 선크림'은 피부에 얇고 촉촉하게 흡수되는 모습을 반복적으로 보여주며 백탁이 없다는 점을 강조해 세계적인 인기를 얻었다. 《비즈니스 오프 패션》에 따르면, 2024년 11월에 조선미녀Beauty of Joseon가 틱톡에서 선크림 관련 상위 20개 영상 중 16위에 등장했으며, #beautyofjoseon 해시태그는 약 17억 뷰를 기록했다.[20]

> 마케팅 딜리버리에서 가장 효과적인 포맷 중 하나는 비포&애프터거든요. 스킨케어의 경우 비포&애프터가 시간도 오래 걸리고 실제 어려운 거 아니냐 그러는데, 생각보다 비포&애프터에서 효과를 보는 경우가 많습니다. 저희 제품이 좋은 제품이기 때문에, 더 많이 체감할 수 있고요. _아누아 임원

틱톡의 짧은 영상은 K뷰티의 강점인 기초 화장품이 그동안 다른 매체에서 표현하지 못했던 한계를 극복하는 계기가 됐다. 사진은 색조에 비해 기초 화장품의 특징을 효과적

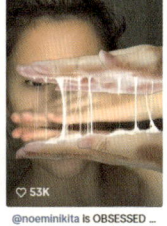

코스알엑스의 달팽이 뮤신 에센스는 달팽이 점액의 쫀득한 질감을 활용한 댄스 챌린지로 돌풍을 일으키며 틱톡 누적 조회 수 13억 회를 기록했다. 참여 인플루언서의 수도 2만에 달하는 등, 틱톡커블 마케팅의 진수를 보여준 사례로 손꼽힌다.

으로 보여주기 쉽지 않다. 하지만 영상은 기초 화장품의 텍스처, 즉 질감을 표현하는 데 효과적이다. 틱톡의 메커니즘 안에서 독특한 질감을 가진 K뷰티 브랜드들은 입소문을 타기가 훨씬 수월했다. 대표적인 사례가 코스알엑스COSRX의 '달팽이 뮤신 에센스'다. 달팽이 점액의 쫀득한 질감을 활용한 챌린지(#SlapSnailChallenge)가 유행하면서 입소문을 탄 케이스다. 챌린지가 더 활성화될 수 있도록 코스알엑스에서는 모션형 틱톡 카메라 필터를 제공해 고객의 참여율을 높였다.[21] 이후 스네일 챌린지는 댄스 챌린지(#SnailDanceChallenge)로도 이어지며 품절 대란을 일으켰다. 2024년 데이터에 따르면 코스알엑스 스네일 챌린지의 누적 조회 수는 13억 회 이상, 참여 인플루언서도 2만 명을 넘는 것으로 나타났다.[22] 코스알엑스는 이런 성과에 고무돼, 자사의 특정 제품으로 챌린지를 만들어줄 '틱톡 서포터즈'를 모집하기도 했는데, 마이크로 인플루언서는 물론, 크리에이터를 꿈꾸는 초심자도 전부 지원할 수 있도록 했다. 틱톡이라는 플랫폼이 초심자에게도 열린 기회의 장이라는 점을 잘 보여주는 사례다.

'틱톡커블'한 콘텐츠는 따로 있다

인디 브랜드들은 **틱톡커블**TikTok-able한, 다시 말해서 틱톡에 가장 잘 어울리고, 가장 틱톡스러운 장면Scene을 만들 줄 알았다. "저게 뭐야?" 하는 궁금증을 유발하는 독특한 텍스처, 스크롤을 넘기다 멈추게 만드는 강력한 비주얼, 소유욕을 자극하는 귀염뽀짝한 패키지를 담은 영상들은 조회 수

> **틱톡커블**
>
> 틱톡커블TikTok-able은 틱톡과 able이 합쳐진 신조어로, 틱톡에서 바이럴되기 쉬운, 화제가 될 만한 콘텐츠나 제품을 지칭할 때 쓰는 말이다. K뷰티업계에서는 독특한 제형, 사용감의 재미, 중독성 있는 연출 같은 요소들을 활용해 틱톡커블한 영상이 쉽게 제작될 수 있도록 만들었다. 에이프릴스킨의 'TXA 99 딥클렌저'와 브이티코스메틱의 '레드 부스터 리들샷 100', 상품 기획 단계서부터 틱톡커블한 영상을 염두에 둔 아누아의 '라이스 효소 브라이트닝 클렌징 파우더'가 대표적인 예다.

가 단번에 K^Kilo 혹은 M^Million 단위를 찍는다. 이처럼 독특한 제형·사용법·패키지 등으로 '3초 안에 시선을 사로잡는 제품'을 '틱톡커블하다'고 말한다.

예를 들면 에이프릴스킨^APRILSKIN의 'TXA 99 딥클렌저' 관련 영상을 들 수 있다. 이 제품은 피부에 올리면 쫀득한 제형이 된다. 마치 껌 같은 텍스처는 보기만 해도 신기하다. 시간이 지나면 클렌저가 피부 모공 속 검은 피지인 블랙헤드를 흡착하는데, 이러한 클렌징 과정은 퍼포먼스로 보여주기에 아주 극적이다. 브이티코스메틱^VT cosmetics의 '레드 부스터 리들샷 100' 또한 인상적인 장면 연출로 화제를 만들어낸 제품이다. 이 제품은 이름에서도 알 수 있듯 레드 컬러로 구현되는 비주얼이 압도적인 제품으로, 일명 뱀파이어 리들샷으로 불린다. 시각적 자극에 더해, 바를 때 느껴지는 미세 침의 따끔거리는 사용감도 사용자의 호기심을 자극하며 바이럴 확산에 기여했다. 브이티코스메틱은 리들샷 300, 700, 1000 등 미세 침 함량을 높이면서 따끔거림의 '강도'와 '효과'를 세분화한 제품들을 출시했는데, 이는 사용자들의 다음 단계 도전을 이끌어 다양한 챌린지 콘텐츠 제작으로 이어졌다.

미디어의 변화는 상품기획에도 영향을 미친다. 틱톡에서의 화제성은 인디 브랜드의 생존과 직결된다고 해도 과언이 아니기 때문에 최근에는 처음부터 바이럴을 염두에 두고 독특한 제형과 시각적 충격을 보여줄 수 있는 제품을 기획하기도 한다. 아누아ANUA의 '라이스 효소 브라이트닝 클렌징 파우더'는 기획 단계에서부터 숏폼을 고려한 제품이다. 떡처럼 늘어나는 제형으로 해당 제품은 틱톡에서 크게 바이럴이 됐는데, 화제가 된 관련 영상의 최고 조회 수는 3,000만 회에 달한다.[23] 해당 제품은 해외에서 먼저 선보였는데 독특한 제형으로 관심이 높아지면서 국내 출시로 이어졌다.

> 제품 기획 당시 틱톡에서는 쌀을 갈아 팩처럼 사용하는 아시안 스킨케어가 유행이었어요. 거기서 아이디어를 얻었고, 이후 숏폼에서 강렬한 인상을 줄 수 있도록 제형에 늘어나는 재미 요소를 더했죠. _아누아 프로덕트팀[24]

> 지금도 아마존이나 틱톡을 중심으로 글로벌 시장이 전개되고 있기 때문에 틱톡커블한 제형, 굉장히 재미있는 제형, DNA가 확실한 제형 등이 인기가 많기는 해요. … 그렇게 비주얼이 중요한 제품을 만드는 동시에, 단순히 소비되고 끝나는 제품이 아니라 데일리 루틴에 정착될 수 있는 제품을 만들려고 고민을 많이 하고 있어요. _라운드랩 임원

현재를 유지하고 싶다면, 모든 것을 바꾸어야 한다

> 어느 날 아마존은 망할 것이다. 하지만, 우리가 할 일은 그 날을 되도록 늦추는 일이다. _제프 베이조스, 아마존 창업자

오프라인 위주이던 미국 시장에서 온라인 쇼핑의 신화를 쓴 아마존의 창업자 제프 베이조스의 한 마디가 묵직하게 다가온다. 아마존도 언젠가는 망한다는 것이다. 이 말 속에 현대 비즈니스의 본질이 담겨 있다. 영원한 1등도, 영원한 후발 주자도 없다는 사실이다. 그 이유는 우리 모두 알고 있다. 트렌드가 너무나도 빠르게 변하기 때문이다. 현대사회에서 변하지 않는 유일한 진실은 "모든 것은 변한다"는 사실이다. 특히 기술 혁신이 매순간 축적되고 있는 디지털 미디어 플랫폼 영역에서는 더욱 그렇다. 빅테크 플랫폼 기업들이 치열한 경쟁을 거듭하며 새로운 형태의 서비스를 끊임없이 제안하고 있기 때문이다. 이러한 변화는 사용자들의 정보 검색과 소비 형태를 바꾸고, 나아가 제품 개발·마케팅·유통을 비롯해 경제 체제 전반을 바꾼다. 여기에 제대로 대응하지 못하면 아마존처럼 큰 회사라도 문을 닫을 수밖에 없을 것이다.

반대로 이러한 변화의 흐름에 대응하는 역량에 따라 시

장의 역학관계가 언제든 바뀔 수 있다. '실시간 대응'이 필요한 것 아니냐는 이야기까지 나오는 현실에서, 시장의 변화에 기민하게 적응하고 버텨내는 시간들을 쌓아온 K뷰티의 성공은 결코 우연이 아니다. 대격변의 시대에 살아남기는 '흐르는 강물을 거꾸로 거슬러 오르는 연어'들만의 숙명이 아닌 것이다. K뷰티는 변화하는 환경에 적응하고, 선제적으로 대응하며 시장을 새롭게 설계해왔다. 생존을 넘어 주도권을 확보해온 이 전략적 대응력은, 급변하는 플랫폼 생태계 속에서 K뷰티가 지속적으로 성장할 수 있었던 핵심 동력이다.

플랫폼은 더 이상 단순한 마케팅 채널이 아니다. 이제는 콘텐츠가 생성되고 유통되며 소비되는 하나의 거대 생태계이자, 시장을 규정하는 새로운 패러다임이다. 이 변화의 중심에는 Z세대가 있다. 그들은 모바일에 최적화된 짧은 영상, 인터랙티브한 소통, 즉각적인 피드백을 중시하며,[25] 이런 소비 습관은 플랫폼 자체의 형식과 문법까지 바꾸고 있다. 이에 따라 플랫폼이라는 '그릇'도 끊임없이 진화한다. 우리의 제품을 담을 그 그릇이 무엇인지 정확하게 인지하고 있는가? 나아가 그 그릇을 얼마나 이해하고 있는가? 그리고 그 그릇의 변화에 유연하게 대응하고 있는가? 이 질문에 대한 당신의 답에 따라 생존이 달려 있다. 대응력은 곧 생존력이다.

Do it! Like K-Beauty

1. 드라마틱한 변화를 보여줘라.
15초에서 3분 내외의 짧은 영상에서 '비포&애프터', '루틴', '사용 꿀팁' 같은 시각적인 변화를 극대화하는 게 중요하다. 현재 미디어 플랫폼은 특정 콘텐츠가 챌린지 형태로 재생산되고 바이럴되면서 확산되는 구조이기 때문이다.

2. 마이크로 인플루언서를 위한 어필리에이트 프로그램 도입이나 활용을 모색하라.
현재 매출 규모, 운영 리소스, 전략적 방향성에 따라 단계적으로 접근할 수 있다. 중대형 브랜드나 높은 자율성을 원하는 기업의 경우 자사몰에 어필리에이트 프로그램을 직접 구축하거나, 빠르게 시작하고 싶고 인프라가 없는 소규모 브랜드의 경우 외부 플랫폼을 활용해 시작한 다음 자사 시스템을 개발할 수도 있다.

3. 구매 전환율이 높은 롱테일 키워드를 설계하라.
성분과 효능을 강조하거나 구체적이고 문제 해결에 집중한 키워드를 제품명에서부터 백엔드 검색어 영역에까지 배치할 수 있다. 이는 판매자의 신뢰도를 높일 뿐만 아니라 해외 소비자들의 검색과 유입, 구매 전환율을 높일 수 있다는 점에서 해외 시장을 노리는 업계에서는 필수 역량이 될 것이다.

5

상품력

인프라·투자·노력이 만든 글로벌 No.1

K-BEAUTY TREND

　지금까지 K뷰티의 핵심 역량으로 기획력·속도력·주도력·대응력을 꼽았지만, 결정적인 한 가지가 아직 남아 있다. 바로 품질이다. 한국 화장품은 품질이 좋다. 가격까지 생각하면 압도적으로 좋다. 비싼 가격에 높은 품질은 어찌 보면 당연한 것이다. 반면 월등한 사용감과 효과를 보여주면서도 합리적인 가격을 유지하는 그 어려운 일을 해내는 데는, 단언컨대 K뷰티가 탁월하다.

　롬앤rom&nd의 한 임원은 매일 반복되는 고온 테스트, 안정성 테스트 등 집요한 품질관리 노력이 제품에 그대로 녹아들어, 한국 화장품의 탁월한 품질을 만든다고 말한다.

　품질관리QC, Quality Control는 "조금 더, 여기서 한 번 더"의 싸

움입니다. 예를 들면, 발림성이라는 미묘한 차이를 말로 표현하기란 쉽지 않죠. 우리 직원들은 옥상에 제품을 늘어놓고 오전 10시와 오후 3시의 색감 차이까지 체크합니다. 색온도 4,000도와 6,000도의 차이까지 구분해냅니다. _롬앤 임원

K뷰티 하면 흔히 "가성비가 좋다"고 한다. 하지만 이 표현만으로는 K뷰티의 본질을 설명할 수 없다. 가성비란 '가격 대비 성능 비율'의 준말로, 영어로는 'Value for Money' 혹은 'Cost-Effectiveness'라고 표현한다. 『트렌드 코리아 2016』에서 키워드로 소개했던 용어이니, 대중적으로 사용된 지 10년 정도 되는 개념이다. 일반적으로 "가성비가 좋다"는 표현은 "저렴하다"의 동의어로 사용되는 듯하다.

하지만 K뷰티의 가성비는 차원이 다르다. 단순히 저렴한 것만을 의미하지 않는다. 성능은 세계적 브랜드 수준에 뒤지지 않을 만큼 매우 높으면서 가격은 그다지 비싸지 않은, 표현 그대로 성능 대비 가격의 '비율'이 좋은 것이다. 과거의 가성비는 "적당한 품질에 압도적으로 싼 가격"을 의미한다면, 현대의 가성비는 "압도적으로 훌륭한 품질에 적당한 가격"을 의미한다. 굳이 표현을 만들자면 K뷰티는 '가성비 2.0' 혹은 '프리미엄 가성비'랄까, 전통적인 가성비 개념을 넘는 품질을 실현하고 있다.

숫자가 이를 증명한다. 한국의 대표 제품은 비슷한 품

질의 해외 프리미엄 브랜드보다 가격이 훨씬 저렴하다. 예를 들면, 아이오페IOPE의 '슈퍼 바이탈 크림'은 8만 원대인데 이는 외국 브랜드 제품보다 적게는 27% 크게는 87%가량 저렴하다. 닥터지Dr.G의 '레드 블레미쉬 클리어 수딩 크림'(70ml)은 약 2만 원대로 최소 56% 최대 67%, 코스알엑스COSRX의 '토너 패드'는 1만 원대로 최대 90%가량 저렴하다. 가격은 이처럼 압도적으로 저렴한데 성능은 뒤지지 않으니, 소비자들이 좋아하지 않을 이유가 없다.

　단순히 가성비만 좋은 것이 아니다. K뷰티는 '저자극 고효능' 전략으로 품질의 새로운 기준을 제시하고 있다. 피부에 자극을 주는 알코올·인공향·파라벤은 철저히 배제하고, 피부에 유익한 히알루론산·판테놀·세라마이드를 풍부하게 담았다. 이런 변화는 그 누구보다 소비자들이 먼저 안다. "피부가 즉각적으로 편안해진다", "보습력을 확실히 체감할 수 있다"는 리뷰가 쏟아진다.

　요약하자면, 한국 화장품은 그저 저렴해서가 아니라, 품질이 매우 좋아서 글로벌 소비자에게 인기가 높다. 이 '프리미엄 가성비'를 가능하게 하는 힘을 우리는 '상품력'이라고 부르고자 한다. 그렇다면 이어 질문할 수 있다. 한국 화장품의 압도적 품질은 어떻게 가능할까? K뷰티 상품력의 근원을 ODM 제조 전문사, 화장품 브랜드 회사, 그 외 인프라 영역으로 나눠 알아보자.

극강의 제조 경쟁력, 한국 ODM 제조사

K뷰티 제품의 만듦새가 탁월하다고 할 때 그 가장 큰 공은 그것을 만들어낸 제조사들의 몫이다. 아모레퍼시픽이나 LG생활건강 같은 일부 기업은 자사 내에 세계적 수준의 연구 개발과 생산 역량을 갖추고 있지만, 대다수 중소 뷰티 브랜드는 그런 투자를 엄두도 내지 못한다. 이들에게는 참신한 아이디어를 실제 제품으로 구현해줄 믿음직한 제조사의 존재가 필수적이다. 특히 앞서 언급한 책임판매업자 제도 아래서는, 브랜드사의 발 빠르고 세밀한 기획력을 민첩하고 정교하게 구현하는 전문 제조사들의 역할이 막중해졌다. 탁월한 품질을 빠르게 그리고 비싸지 않게 생산할 수 있는 이들 제조사는, 말 그대로 세 마리 토끼를 동시에 잡는 K뷰티 산업의 대들보와 같다.

전문 제조회사는 다시 OEM과 ODM 방식으로 구분할 수 있다. OEM은 'Original Equipment Manufacturer'의 약자로, '주문자 상표 부착 생산'을 의미한다. 브랜드사(주문자)가 제품의 설계·디자인·사양 등을 모두 결정하고, 제조사는 이에 따라 생산만 위탁받는 구조다. 제조업체가 기술적 능력과 생산 설비를 가지고 제품을 생산하되, 판매와 마케팅은 브랜드 소유자가 담당한다. 반면 ODM[Original Design Manufacturing]은 '제조자 개발 생산'이라는 명칭처럼, 제조사가 자체적인 기술력과 연구개발 역량을 바탕으로 제품의 설계·개발·생산까지 모든 과정을 담당하는 방식을 말한다. 브랜드사(주문자)는 제조업체가 이미 개발해놓은 제품 중에서 선택하거나, 일부 사양을 커스터마이징해 자신의 브랜드를 부착해 판매한다. 생산은 물론이고 기획과 개발을 제조사가 주도하는 만큼 ODM은 OEM보다 높은 기술력과 부가가치를 지니고 있다. 이러한 ODM 방식은 화장품뿐만 아니라, 의류·패션, 전자제품, 식품 및 건강기능식품, 자동차 부품, 생활용품 등 다양한 산업에서 활용된다. 예를 들어, 세계적인 아웃도어 브랜드, 노스페이스의 제품은 한국의 영원무역이 ODM 방식으로 생산하는 것으로 유명하다.

2023년 기준 한국에는 4,500개 이상의 화장품 제조회

OEM, ODM

OEM(Original Equipment Manufacturer)은 제품을 주문자의 브랜드로 생산하는 제조 방식을 의미한다. 즉, 제조업체가 설계와 생산을 담당하고, 완성된 제품은 주문자의 상표를 부착해 판매한다. 제조업체가 기술적 능력과 생산 설비를 가지고 제품을 생산하되, 판매와 마케팅은 브랜드 소유자가 담당한다.

ODM(Original Design Manufacturing)은 제조업체가 제품의 설계와 개발을 모두 담당하는 방식을 의미한다. 그러나 ODM은 설계 단계부터 제조업체가 주도적으로 참여한다는 점에서 차이가 있다. 주문자가 원하는 제품의 아이디어를 제공하면, 제조업체가 이를 기반으로 제품을 설계하고 생산한다. 즉, ODM은 제조업체가 설계, 개발, 생산까지 모든 과정을 책임진다.

사가 있다.[1] 코스맥스·한국콜마·코스메카코리아·씨앤씨인터내셔널 등 주요 ODM 기업들이 시장을 주도하고 있으며, 특히 코스맥스와 한국콜마가 양대산맥으로 꼽힌다. 로레알·존슨앤존슨·에스티로더·LVMH·P&G·유니레버 등 글로벌 유수 기업들과 한국의 주요 화장품 회사는 물론이고 수천 개에 달하는 국내 뷰티 인디 브랜드들이 한국콜마와 코스맥스를 통해 제품을 만들고 있다. 최근 해외 수출을 견인하는 국내 중소 뷰티 브랜드들의 활약에 힘입어 한국콜마와 코스맥스는 2024년 나란히 매출 2조 클럽에 오르는 기염을 토했다.[2] 해외에도 이탈리아의 인터코스^{Intercos}, 프랑스의 파레바^{Fareva}, 미국의 마에사^{Maesa} 등 대형 화장품 ODM 기업들이 존재한다. 이들 기업이 안정성·지속가능성·로컬 시장성에서 강점을 보인다면, 한국의 ODM 기업들은 기능성·속도·트렌드 대응력에서 탁월하다. 최근에는 세계 화장품 시장의 트렌드가 빠르게 다변화되면서, 인터코스나 마에사 같은 글로벌 회사들이 한국식 ODM 시스템을 벤치마킹하는 흐름도 포착되고 있다.

압도적인 R&D 투자

한국 ODM 기업들의 제조 경쟁력이 단순한 생산 역량에서 비롯된 것은 아니다. 그 기반에는 막대한 연구개발$^{R\&D}$ 투자가 자리 잡고 있다. 예를 들어, 코스맥스는 매년 매출의 5%

이상을 R&D에 투자하며, 연간 8,000개 이상의 신제품을 개발하고 있다. 한국콜마 역시 2024년 한 해에만 1,309억 원을 R&D에 투자했다.[3, 4]

특히 마이크로바이옴과 하이브리드 엑소좀 기술에서의 최근 성과는 한국 ODM 기업의 R&D 경쟁력을 잘 보여주는 사례다. 마이크로바이옴이란 피부 위 미생물 생태계를 분석해 개인 맞춤형 피부 솔루션을 제공하는 기술로, 이 분야에서 한국은 이미 글로벌 선두주자로 자리 잡고 있다. 코스맥스는 글로벌 유수 대학과의 협력을 통해 정밀한 진단과 개인 맞춤형 솔루션으로 화장품 제조 기술을 선도하고 있으며, 한국콜마는 세계 최초로 마이크로바이옴 진단 키트 카이옴CAIOME을 상용화했다.[5] 한편, 하이브리드 엑소좀은 피부 재생과 항노화 효과를 극대화해 리프팅·미백·수분 공급 등 특정 효능을 집중적으로 구현할 수 있는 차세대 바이오 기술이다. 코스메카코리아와 BN 등 한국 ODM 기업들이 선보이는 하이브리드 엑소좀 기반의 맞춤형 솔루션은 이미 글로벌 시장에서 새로운 표준으로 자리 잡고 있다.

원스톱 시스템의 힘

한국 ODM 시스템의 핵심 강점은 R&D와 제조 현장이 유기적으로 통합된 '원스톱 시스템'에 있다. 이는 앞서 언급한 첨단 기술력과 빠른 실행력이 효과적으로 구현될 수 있는 구조적 기반이다. 해외 ODM은 일반적으로 각 단계가 분리되어 있어 한 제품을 생산할 때, 기획과 마케팅은 물론이고 R&D, 성분 개발, 포장 등 모든 과정을 서로 다른 업체나 부서가 각기 진행한다. 이는 조율과 실행에 시간과 비용이 많이 소요된다. 반면 한국의 ODM 기업들은 A부터 Z까지 전 과정을 종합적으로 관리한다.

　이러한 통합 원스톱 시스템은 빠른 피드백과 반복 테스트가 가능한 민첩한 운영 생태계를 자랑한다. 글로벌 브랜드의 경우, 본사 - 지역 법인 - 외주 제조사로 이어지는 복잡한 3단계 체계를 거치며 의사결정이 지연되는 반면, 한국 ODM 기업들은 브랜드팀과의 실시간 커뮤니케이션을 기반으로 샘플 수정 주기를 짧게는 하루 단위로 수행할 수 있다. 이는 정보와 네트워크가 한 군데에 있어야 한다는 원칙 아래, 트렌드 분석, 원료 연구, 제형 개발, 테스트, 생산, 포장까지의 전 과정을 단일 시스템 내에서 빠르게 수행할 수 있는 '통합 설계 제조 플랫폼'을 구축한 덕분이다(속도력 참조).

　나아가 혁신적인 제품 개발을 위해 시스템 외에 보이지 않는 영역에서도 다양한 실험이 이뤄지고 있다. 특히 연구소 내부에서는 공간과 조직 운영 방식에 대한 혁신을 통해 창의성과 속도를 동시에 추구한다. 일반적으로 개발 조직은 연구 대상에 따라 팀이 분리되고, 사무공간과 실험실도 분리된 구조를 갖는 경우가 많다. 그러나 이러한 전통적인 한계를 허물면서, 유연한 협업과 즉각적인 실험이 가능한 환경이 마련되고 있다. 예를 들면 코스맥스에서는 파운데이션 연구원들이 크림팀과도 함께 일할 수 있는 '융합 크림 파운데이션랩'을 운영한다. 또 랩^{lab} 내 회의실과 실험실을 같은 공간에 배치해, 아이디어가 나오자마자 바로 실험에 돌입할 수 있는 환경을 조성했다. 이러한 물리적·조직적 구조 혁신 덕분에 세라프레소^{CeraPresso}, 에뮬릭서^{Emulixir} 등 세계적으로 인정받는 특허 기술을 확보할 수 있었다.

코스맥스에서는 기술개발 부서를 R&D$^{Research\ and\ Development}$가 아니라 R&I$^{Research\ and\ Innovation}$로 표현한다. 개발 Develop이 아니라 혁신^{Innovation}을 수도하는 조직이라는 정체성을 반영한 것이다. 실제로 코스맥스는 자체 기술 개발은 물론이고, 오픈 이노베이션을 통해 생산팀·설비팀·연구소·품질팀·안전팀, 심지어는 인사팀까지 협업하며 세계 굴지의 뷰티 브랜드가 요구하는 글로벌 스탠다드에 부합하는 제품과 시스템을 만들어낸다. 코스맥스와 한국콜마 모두 제품 기획에서 원료 선정, 제조, 포장, 출하에 이르기까지 전 과정에 걸쳐 철저한 품질 관리 프로세스를 적용하고 있으며 ISO 9001, ISO 22716(화장품 GMP), FDA 승인 등 국제적인 품질 인증을 모두 획득해 글로벌 표준에 부합하는 품질 관리 체계를 갖추고 있다. 더 나아가 지속적인 기술 우위를 확보하기 위해 다양한 대학 및 연구기관과 협약^{MOU}을 맺고,

코스맥스, 한국콜마

한국은 한국콜마와 코스맥스라는 세계적으로 유명한 화장품 ODM사 2곳을 가지고 있다. 이 두 제조사가 있기에 한국의 뷰티 인디 브랜드들은 글로벌 성공의 날개를 달 수 있었다고 해도 과언이 아니다. 연구개발에 힘을 아끼지 않는 두 제조사는 수백, 수천 가지의 제형과 디자인, 패키지를 이미 개발해놓고 있기에 제품의 제조와 출시 기간은 그만큼 빨라질 수 있다.

더 나은 성분과 제형formula 개발을 위한 공동 연구를 이어가고 있다.

이와 함께 주목할 만한 것은 '품질 이력 추적 시스템'이다. 이 시스템은 원료 입고부터 제품 출하까지의 전 과정을 실시간으로 모니터링하며, 관련 데이터를 수집하고 분석한다. 이를 통해 품질 문제 발생 시 즉각적으로 원인을 파악하고, 신속하게 대응할 수 있는 기반을 제공한다. 혹시라도 품질에 문제가 생긴다면 문제의 원인을 바로 추적하며 제품이 출시되기 전 선제적으로 예방하는 데 초점을 맞춤으로써 K뷰티 제품의 전반적인 품질 신뢰성을 높이는 데 기여하고 있다.

원스톱 시스템은 단순한 생산 효율을 넘어 협업 방식 자체를 변화시키는 파급력을 지닌다. 한국 ODM 기업들은 개별 뷰티 브랜드와의 협업 구조를 단순 하청이 아닌 '공동 전략 파트너' 모델로 전환시킨다. 브랜드사나 스타트업, 심지어 개인 창업자까지 화장품에 대한 독창적인 아이디어를 제안하면, 이를 실제 제품으로 구현할 수 있는 제조 역량과 기술 노하우를 가졌기에 가능한 일이다.

이러한 민첩성은 실제로도 종종 목격된다. 최근 미국에서 자외선 차단제 성분에 대한 규제가 강화되자, 글로벌 브랜드들은 기존 제품을 철수하고 대체 포뮬러를 개발하는 데 오랜 시간을 들였다. 반면 한국 ODM 기업은 해당 이슈 발생 직후 신속하게 새로운 포뮬러를 개발해 '맑은쌀 선크림'이라는 신제품을 조선미녀Beauty of Joseon에 납품했고, 아마존과 올리브영 글로벌몰의 선크림 카테고리 1위에 오르며 글로벌 베스트셀러에 오르는 성과를 거두었다.[6] 이처럼 한국 ODM 기업들은 매월 수백 건의 신규 포뮬러를 개발하는데, 이는 단지 기술력의 과시가 아니라 '트렌드 실현력'으로 작용한다. 예를 들어 '촉촉한 광 피부', '세미매트 립틴트', '필링 패드', '젤 텍스처 앰플' 등은 한국에서 먼저 유행한 후, 6개월에서 1년 사이 글로벌 트렌드로 확산된 대표 사례들이다.

브랜드사의 피나는 노력

ODM 기업들이 연구개발과 생산 역량을 축적하고 있다고 해서, 각 브랜드사가 품질에 손을 놓고 있다는 의미는 아니다. 차별화된 성능과 제품력을 확보하기 위해 자체적인 노력을 기울이는 브랜드들도 많다.

먼저 자체적인 연구개발을 통해 효능과 안전성 확보에 꾸준히 힘쓰는 브랜드사들을 살펴보자. 대표적인 사례가 닥터지다. 닥터지가 국내외에서 신뢰받는 브랜드로 자리 잡을 수 있었던 이유는, 무엇보다도 과학적 근거에 기반한 제품 개발 덕분이다. 닥터지는 자체 연구소인 '닥터지랩'을 통해 성분 연구부터 임상 테스트까지 체계적인 R&D 시스템을 운영하고 있으며, 제품의 효능과 안전성을 객관적으로 입증하고자 꾸준히 노력해왔다. 대표 제품인 '레드 블레미쉬 클리어 수딩 크림'은 민감성 여드름 피부를 위한 수분진정 크림의 대명사로 꼽힌다. 판테놀·마데카소사이드·세라마이드 등 피부 진정과 장벽 강화에 효과적인 성분들을 최적의 비율로 조합해 개발됐으며, 5단계에 걸친 임상 테스트를 통해 효능이 과학적으로 검증됐다. 이러한 검증 중심의 접근 방식은 닥터지에 대한 소비자의 신뢰를 쌓는 데 큰 역할을 했다.

글로벌 시장에서 'K뷰티' 하면 제품의 '순함'을 흔히 떠올리지만, K뷰티의 상품력이 비단 거기에만 국한되지 않음을 잘 보여주는 대표 사례가 바로 에스트라AESTURA다. 이 브랜드는 피부과 처방에 기반한 더마코스메틱 접근 방식으로, 일반 화장품과는 차별화된 길을 걷고 있다. "안전함은 선택이 아니라 기본"이라는 철학을 바탕으로, 단순한 저자극을 넘어 '의학적 신뢰 위에 기능성을 덧입힌 제품력'을 추구한다. 다시 말해, 피부에 자극을 주지 않는다는 사실만으로는 더 이상 차별화되지 않으며, 기능적 효과와 과학적 설계를 겸비한 제품이 K뷰티 경쟁력의 필수 요소라는 점을 강조한다. 에스트라의 사례는 K뷰티의 상품력이란 결국 '화장품'

이라는 외형 안에 고도의 연구와 안전성 검증 그리고 소비자 신뢰까지 포괄하는 종합적인 완성도를 의미하고 있음을 보여준다.

비슷한 효과를 내더라도 성분의 원가는 천차만별이다. 되도록 저렴한 원료를 사용하고 싶은 것은 인지상정이지만, 눈에 보이지 않은 작은 품질 차이조차 용납하지 않기 위해서는 비용-편익적 사고로는 부족하다. 원가를 아까워하지 않는 진정성이 필요하다. 그 대표 사례가 아이소이[ISOI]다. 이 브랜드는 천연 성분만 고집스럽게 사용한다. 대표 상품인 '잡티 로즈 세럼'에는 불가리안 로즈 오일 26방울이 들어간다고 한다. 오일 몇 방울 더 들어가는 것이 대수냐고 여길 수 있지만, 불가리안 오일 1ml를 추출하기 위해서는 3,000송이의 장미가 필요하고, 30ml 병 하나가 4,000만 원을 호가하는 고가 원료임을 알면 이야기가 달라진다.

한때는 핵심 원료를 극소량만 넣고도 '○○추출물 함유'라는 마케팅 문구를 활용해 소비자의 관심을 끌던 시절이 있었다. 하지만 이제는 실제 함량과 효능이 소비자의 피부 경험으로 직결되고, 이는 곧 브랜드 신뢰와 재구매로 이어지기 때문에 비싸더라도 성분 함량을 제대로 지키는 일은 매우 중요해졌다. 또한 아이소이의 영업 직원들은 해당 제품을 직접 사용하며 자신의 사용 전후 피부 사진을 들고 다니는 것으로 유명한데, 이는 단순한 판촉이 아니라 제품의 실질적 효과에 대한 자부심과 신뢰가 있기에 가능한 것이다. 이런 진정성이 뒷받침될 때, 비로소 "어떻게 이 가격에 이 정도까지 가능한가" 하는 소비자의 후기를 이끌어낼 수 있는 것이다. 다시 말해, K뷰티의 상품력은 화려한 마케팅 언어가 아닌, 원료의 투명성과 체험 기반의 효과성으로 구체화되고 있다.

생산 과정에서의 품질 관리 역시 K뷰티 상품력의 핵심을 이루는 요소다. 롬앤rom&nd의 경우를 살펴보자. 이 브랜드의 제품인 '쥬시래스팅 틴트'는 한 달에 150만 개 이상 판매되는 베스트셀러다. 색조 제품을 생산할 때면 필연적으로 가마별로 색상 편차가 발생한다. 여기서 가마란 제조 단위인 배치Batch를 의미하는 것으로, 한 번의 제조 공정으로 생산된 동일 제품 그룹을 뜻한다. 한 번에 수천 개의 립틴트를 만들 때, 이 생산 단위를 1배치라고 부른다. 쥬시래스팅 틴트 또한 가마별 편차 위험을 피할 수 없는데, 롬앤은 생산 전량에 대해 가마 단위로 철저한 품질 검사QC를 진행한다. QC팀은 컬러 차트를 기준으로 제품을 일일이 발색해, 기본 색상과의 미세한 편차까지 하나하나 확인하는 것이다. 이 과정은 막대한 시간과 인건비를 필요로 하지만, 롬앤은 품질에 대한 타협 없이 이 절차를 고수한다.

이러한 다양한 노력에도 불구하고 만에 하나 품질 문제가 발생했을 때, 얼마나 신속하게 그리고 어떻게 대응하는

1ml의 불가리안
로즈 오일을 얻기
위해서는 손으로 직접
딴 3,000송이의 장미
추출물이 필요하다.
30ml 오일의 가격은
4,000만 원. 원가를
아끼지 않는 천연
성분을 고집스럽게
사용하는 진정성은
곧 브랜드와 산업의
신뢰로 직결된다.

가도 브랜드 상품력을 통한 신뢰 향상에 결정적이다. 라운드랩ROUND LAB의 사례는 투명하고 책임감 있는 소비자 대응이 얼마나 중요한지를 보여주는 교과서적인 예시다. 2021년 당시 라운드랩의 인기 제품인 '자작나무 진정 선크림'의 자외선 차단 지수SPF, Sun Protection Factor가 제품에 표기된 수치보다 낮게 측정되는 문제가 발생했을 때, 라운드랩은 즉각적이고 적극적으로 대응했다. 문제가 확인되자마자 공식 SNS 채널과 홈페이지를 통해 상황을 투명하게 공개하고, 조건 없는 전액 환불 조치를 시행했다. 또한 소비자들에게 직접 사과문을 발송하고 제품 개선에 즉시 착수했다. 가장 주목할 만한 점은 라운드랩이 이 위기 상황을 오히려 제품 혁신의 기회로 삼아, 더 뛰어난 성능의 선크림을 빠르게 출시해 소비자들의 신뢰를 회복했다는 사실이다. 이와 같은 진정성 있는 사과와 성능을 보강한 신제품 출시, 소비자 신뢰 회복에 힘입어 라운드랩은 2023년 올리브영 매출 1,000억 원을 달성한 톱2 브랜드 중 하나로 올라섰다.[7] 이는 단기적인 이익보다 장기적인 소비자 신뢰를 우선시하는 K뷰티 산업의 철학을 잘 보여주는 사례다.

보이지 않는 인프라의 힘

규제 완화의 역설

한국의 화장품법은 1999년 기존의 약사법에서 분리된 후, 2000년 7월 1일에 시행되면서 독립적인 법 체계를 갖추게 됐다. 이를 통해 화장품의 특성에 맞는 세밀하고 유연한 관리가 가능해졌고, 산업 전반의 경쟁력 강화에도 기여했다(프롤로그 참조). 가장 대표적인 변화는 '네거티브 리스트 방식'의 도입이다. 과거에는 허용된 성분만 사용할 수 있었던 '포지티브 리스트' 방식이었다면, 이제는 명시적으로 금지된 성분만 피하면 자유롭게 사용할 수 있도록 전환됐다. 이러한 규제 완화는 글로벌 뷰티 트렌드에 더욱 빠르게 대응할 수 있는 제도적 기반이 됐고, 신제품 개발 주기를 대폭 단축하는 원동력으로 작용했다. 한편, 기능성 화장품은 여전히 사전 심사와 보고 절차를 통해 엄격히 관리된다. 효능·효과에 대한 검증을 강화함으로써 소비자 보호는 더욱 촘촘해졌고, 부당한 표시·광고 행위에 대한 규제, 위해 제품에 대한 신속한 회수 시스템 등 다층적인 안전 관리 체계도 마련돼 있다.

2012년 화장품법의 전면 개정은, 규제 완화가 오히려 품질을 더 강화하는 역설적인 전환점이 됐다. 신원료 심사 제도의 폐지로 기업의 자율성이 확대됐고, 이에 따라 기업이 스스로 안전성과 품질을 관리하는 구조가 형성됐다. 그 결과 신제품 개발 속도가 획기적으로 빨라졌고, 이러한 제도적 혁신은 화장품 제조업체들의 생산량과 생산액 증가로 이어지며, K뷰티가 글로벌 뷰티 산업에서 '혁신과 속도의 아이콘'으로 자리매김하는 결정적 계기가 됐다. 더 큰 시장으로 진출한 기업들은 자발적으로 품질 기준을 한층 더 강화했다. 예를 들어, 해외 브랜드가 요구하는 제품 낙하 테스트 기준보다 더 높은 위치에서 제품을 떨어뜨려 내구성을 검증하거나, 자체적으로 더 엄격한 품질 검사를 통해 피부에 더 순하게 작용하는 제품을 개발했다. 이러한 노력 덕분에 '메이드인코리아 Made in Korea'는 곧 품질과 신뢰의 상징으로 자리 잡을 수 있었다.

학술적 뒷받침

한국이 "피부에 진심"이라는 표현은 단지 감성적 수사가 아니라, 실제 데이터와 피부과 학회의 활성화 정도로 명확히 입증된다. 한국과 미국의 피부과 학회를 비교해보자. 미국의 대표 학회인 AAD American Academy of Dermatology는 1938년 설립돼, 2만 명이 넘는 회원 수와 100여 개국의 글로벌 네트워크를 자랑하는 세계 최대 규모의 피부과 학회다. 반면 한국의 대한피부과학회 KDA는 1945년 설립돼 1954년 피부과로 분리됐고 회원 수는 약 1,700명으로, 미국에 비하면 소규모다.

그럼에도 최근 K뷰티와 피부미용 산업 성장에 힘입어 국제적 위상과 영향력이 빠르게 높아지고 있다.

무엇보다 눈길을 끄는 것은 인구 대비 피부과 관련 학회의 수다. 2025년 기준, 미국은 약 3억 4,000만 명 인구에 피부과 관련 주요 학회가 10개, 한국은 약 5,195만 명 인구에 5개의 학회가 있다. 이를 인구 수 대비로 환산하면, 미국은 약 3,400만 명당 1개의 피부과 학회가 있는 반면, 한국은 약 1,039만 명당 1개꼴이다. 즉, 한국이 미국보다 인구 대비 약 3.3배 더 많은 피부과 학회를 보유하고 있는 셈이다.

질적인 연구 역량도 돋보인다. 한국은 대한피부과학회를 중심으로 피부질환부터 레이저·미용·모발·성형 등 매우 세부적인 분야까지 구체적이고 전문적인 분과위원회와 산하 조직들을 두고 활발한 활동을 펼친다. 특히 코리아더마(KoreaDerma)와 같은 국제학술대회를 개최해 아시아를 넘어 전 세계 피부과 전문의들과의 학술 교류를 적극적으로 확대하고 있다.

이러한 사실들이 의미하는 바는 분명하다. 한국은 피부건강과 미용에 대해 단순히 관심이 많은 수준을 넘어, 피부과학을 깊이 있게 연구하고 산업적·학술적 연계를 적극적으로 추진하고 있다는 사실이다. 인구 대비 압도적으로 높은 학회 비율, 피부에 대한 전문성을 세부 분야로 나눠 체계화한 조직 구조, 국제적으로 확장 중인 학술 네트워크 등 이

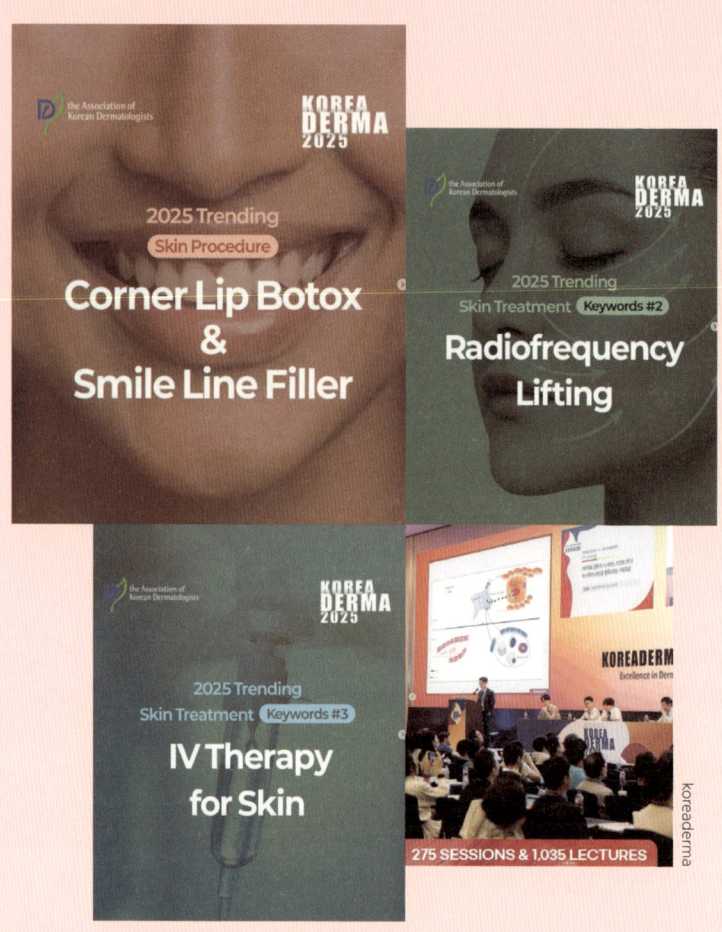

한국이 **"피부에 진심"**이라는 표현은 단지 감성적 수사가 아니라, 실제 데이터와 피부과 학회의 활성화 정도로 명확히 입증된다. 인구 대비 피부과 관련 학회의 수가 많을 뿐 아니라 질적 연구 역량도 돋보인다. 이러한 학술 연구 및 콘퍼런스는 K더마의 국제적 위상을 높이는 것은 물론 서울을 아시아 피부의학의 허브로 만들고 있다.

모든 활동은 한국이 얼마나 "피부에 진심"인지 명확히 보여준다. 한국이 글로벌 뷰티 시장에서 세계적으로 인정받는 피부 전문 국가로 자리매김한 배경에는, 이처럼 피부과학에 대한 깊이 있는 학술적 관심과 체계적인 연구 생태계가 자리하고 있다.

적극적인 소비자들

한국 화장품의 혁신 성향은 한국 소비자 특유의 '모험심'과도 관련이 깊다. 한국 소비자는 새로운 것을 시도하는 데 적극적이며, '기존에 없던 무언가'를 먼저 체험하고자 하는 경향이 강하다. 예를 들어, 보톡스가 단순한 주름 개선 목적을 넘어 승모근 축소나 종아리 라인 개선 등 다양한 목적으로 활용될 수 있는 것도, 적극적이고 진취적인 소비자들이 자연스럽게 이를 받아들였기 때문에 가능한 일이다. 국내 다수의 연예인들의 미용을 담당하는 WE클리닉 조애경 원장은 "항상 변화하는 미의 기준에도 불구하고 한국 여성들은 최대한 자연스러워 보이는 시술을 추구하지만 가장 과감하게 최신 기술을 시도한다"는 점이 한국의 뷰티의 특징이라고 말한다. 피부과뿐만이 아니다. 항노화클리닉에서부터 내과까지, 더 나은 건강과 뷰티에 대한 한국인의 적극적인 관심은 제품의 발전에 지속적으로 반영되고 있다.

이러한 변화는 소비자들의 눈높이가 이미 생산자만큼

혹은 준전문가 수준에 도달했기 때문에 가능하다. 2024년 PDRN·아스타잔틴·글루타치온 등 주요 기능성 성분의 검색량이 전년 대비 크게 증가했는데, 이는 소비자들이 성분을 제품 선택의 주요 기준으로 삼는 경향이 강화됐음을 보여준다.[8] 소비자들은 각 성분이 자신의 피부에 어떻게 작용하는지를 공부하고, 이를 오전에 바를지 자기 전에 바를지 등 자신에게 적합한 루틴으로 구성하며, 신제품에 대한 수용성과 반응 속도에서도 누구보다 적극적인 태도를 보이고 있다. 이런 소비자들은 K뷰티 생태계를 조성하는, 보이지 않는 핵심 인프라라고 할 수 있다(덕후력 참조).

제조는 제품을 만들고, 혁신은 시장을 창조한다

화장품은 품질로만은 설명할 수 없는, 패션처럼 매우 독특한 상품이다. 얼굴과 몸 피부에 직접 바르고, 외모와 일체를 이루는 고도로 개인적인 제품인 만큼, 소비자에게 화장품의 브랜드는 곧 자기 정체성이었다. 그래서 과거 화장품 산업에서는 '브랜드'가 특히 중요했다. 당시 화장품 광고 역시 아름다운 모델을 내세워 브랜드의 이미지를 얼마나 매력적으로 의인화하느냐가 관건이었다. 브랜드 이미지가 처음이자 끝이었다. 그 결과 비슷한 품질의 제품도 브랜드에 따라 가격 차이가 천차만별이었다. 다시 말해 브랜드 파워가 상품력보다 우위에 있었던 대표적인 산업이었다.

그렇기에 최근 K뷰티 인디 브랜드들이 해외 유명 브랜드를 따라잡고 있다는 사실은 매우 인상적이다. 어떻게 이 역전이 가능했을까? K뷰티 상품력은 어떻게 글로벌 브랜드 파워를 앞설 수 있었을까? 이를 이해하려면 현대 소비 환경의 변화, 특히 화장품 시장에서 성분이나 품질이 브랜드 이미지보다 더 중요한 요소로 부상하게 된 배경을 설명할 필요가 있다.

"어떤 선크림 쓰세요?"

이 질문에 과거 소비자들은 "저는 ○○ 브랜드만 써요"라고 답했다면, 요즘 2030 소비자들은 "저는 예민한 피부라 무기자차 성분의 선크림을 골라 씁니다"라는 식으로 답한다. 화장품 선택의 기준이 브랜드와 이미지에서 성분과 기능으로 바뀐 것이다. 이런 변화의 가장 큰 배경은 소비자가 접할 수 있는 정보가 많아졌기 때문이다. 온라인에는 뷰티 정보를 담은 블로그·유튜브·페이스북·인스타그램·틱톡 등 콘텐츠가 넘쳐난다. 또한 자신의 피부 타입, 유해 성분, 어울리는 메이크업 스타일 등 소비자들의 '자기 이해도' 역시 크게 높아졌다. 그렇다 보니 이제는 화장 단계별로 자신에게 가장 잘 맞는 성분이나 제형을 파악해 제품을 선택하기 때문에 특정 브랜드에 연연할 필요가 사라진 것이다. "내가 선택한 브랜드가 나를 말해준다"는 식의 표현은 화장대 구석에서 딱딱하게 굳어가는 유통기한 지난 마스카라처럼 초라해졌다.

소비자들이 더 이상 유명 브랜드가 아니라, 처음 보는 브랜드라도 자신에게 맞으면 주저 없이 구매하는 현상은 하나의 전제를 필요로 한다. 브랜드가 아니라 구매하는 상품의 품질을 신뢰할 수 있어야 한다는 사실이다. 브랜드는 정체성의 표현이기도 하지만, 품질의 대리지표^{Proxy} 역할을 해왔다. 아무리 내게 맞는 성분이 포함되어 있어도, 그 상품의 품질을 믿을 수 없다면 구매는 불가능하다.

그렇다면 브랜드에 대한 신뢰 없이 품질에 대한 신뢰가 어떻게 가능할까? K뷰티는 고도화된 제조 시스템과 혁신적 설계 그리고 기획력·대응력·속도력을 기반으로 한 소비자 지향적 접근 전략을 통해, 소비자가 믿을 수 있는 품질 수준을 실현해냈다. 여기에는 전자와 반도체, 자동차, 조선, 철강에 이르기까지 대한민국의 압도적인 제조 산업의 경쟁력이 그 바탕이 되었음을 부인할 수 없다. 이러한 흐름은 K뷰티 산업에도 그대로 이어진다. 브랜드사들이 그토록 품질 관리에 철저하고, 코스맥스와 한국콜마 같은 ODM 기업들이 초

정밀 생산 설비와 자동화 공정을 바탕으로 '소량 다품종 생산'이라는 불가능한 과제를 현실로 만들어낸 배경에는 한국 특유의 제조강국 DNA가 흐르고 있는 것이다. K뷰티 제조 생태계 전체가 품질에 대한 전 세계 소비자들의 신뢰를 이끌어냈기에 신생·중소 브랜드라 해도 거리낌 없이 구매할 수 있게 된 것이다.

이처럼 K뷰티는 정보 접근성의 확대, 성분 중심 소비, 실용적 판단 기준의 확산 등 현대 소비 환경의 변화로 인한 트렌드 전환의 수혜를 가장 크게 입은 산업 중 하나다. 하지만 단지 변화에 편승한 것이 아니라, 소비 흐름에 민감하게 반응하고 이를 빠르게 제품과 전략에 반영해온 능동적 대응이 있었기에 가능했던 결과다. 이처럼 변화의 조짐을 놓치지 않고 발 빠르게 움직이는 전략은, 앞으로 다른 'K' 산업 전반에도 경쟁력을 제공하는 유리한 시장 환경을 조성해줄 것으로 기대된다.

Do it! Like K-Beauty

1. 원스톱 시스템을 구축하라.
K뷰티 ODM 시스템의 핵심 강점은 R&D와 제조 현장이 유기적으로 통합된 '원스톱 시스템'에 있다. 이는 첨단 기술력과 빠른 실행력이 효과적으로 구현될 수 있는 구조적 기반으로, 한 제품을 생산할 때 기획과 마케팅, R&D, 성분 개발, 포장까지 모든 과정을 종합적으로 관리한다.

2. 품질 관리에 타협은 없다.
생산 과정에서 품질 관리는 그 어떤 것에도 타협하지 않아야 한다. 생산 전량에 대한 철저한 품질 검사는 물론이고, 시간과 비용 대비 효율성을 따지는 것도 품질 관리에 비하면 부차적인 고려일 뿐이다. 조금 더 많은 비용과 시간이 들더라도, 품질을 완벽하게 확보하는 일은 신뢰받는 브랜드와 산업 전반을 탄탄하게 다지는 기본 조건이다.

3. 규제 완화와 학술 기반 등 '보이지 않는 인프라'를 전략적으로 활용하라.
K뷰티 생태계에서 화장품법의 개정은 단순한 규제 완화를 넘어, 오히려 품질을 한층 더 강화하는 전환점이 되었다. 또한 인구 대비 활발한 학술 연구와 임상 활동은 '피부에 진심인 나라'라는 한국의 이미지를 전 세계에 각인시키는 데 중요한 역할을 해왔다. 이처럼 제도적 유연성과 학문적 기반 같은 보이지 않는 인프라는 산업 생태계를 지탱하고 성장시키는 핵심 자원이다.

6

덕후력

K뷰티의 숨은 설계자는 고객이다

K-BEAUTY TREND

K뷰티의 성공은 어느 날 갑자기 이뤄지지 않았다. 지금까지 살펴보았듯이 기획력·속도력·주도력·대응력·속도력·상품력이 어우러져 K뷰티 생태계가 공진화한 결과다. 기민한 브랜드사와 믿음직한 제조사 그리고 올리브영을 중심으로 한 유통이 서로 상생하고 진화하며 K뷰티의 성공 신화를 이끌었다. 이제 이 장에서는 마지막 플레이어와 경쟁력을 소개하고자 한다. 이 모든 경쟁력의 원천이 되는, 대한민국 소비자들이다.

 2002년 월드컵에서 4강 신화를 이룬 한국 축구를 이야기할 때, 사람들은 12번째 멤버가 있었기에 그 위업이 가능했다고 입을 모은다. 이 멤버의 정체는 바로 대한민국 축구 국가대표팀의 서포터즈 '붉은 악마'다. 붉은 악마는 단지 응원단이 아니다. 조직화된 활동을 통해 경기장의 분위기를 주도할 뿐만 아니라, 선수들에게 힘을 더해주고 감독과 협회에는 자극을 가하는, 한국 축구 발전의 원점이다.

뷰티 산업에서 한국 소비자들도 비슷한 역할을 한다. 한국 소비자들은 K뷰티 브랜드들이 기획의 방향성을 정하고, ODM·OEM사가 상품의 완성도를 높이며, 플랫폼이 영향력을 실현하는 데 결정적인 역할을 했다. 다시 말해 소비자는 K뷰티라는 거대한 생태계의 수레바퀴를 지탱하고 회전시킨 엔진이자 린치핀Linchpin인 셈이다.

> K뷰티의 성공 요인에서 간과하기 쉽지만, 사실 굉장히 중요한 역할을 한 건 우리나라 소비자예요. 까다로운 소비자들이죠. 소비자들 때문에 국내 업체들이 엄청난 노력을 할 수밖에 없었고, 이렇게까지 성장할 수 있는 계기가 되지 않았나 싶어요. _대한화장품협회 전무

한국 여성은 평균적으로 스킨케어 제품 7개, 메이크업 4개, 바디케어 4개, 헤어 제품 4개를 사용하는데, 이는 서구권 여성의 두 배에 가까운 수준이다.[1] 한국 남성의 스킨케어 소비액은 1인당 9.6달러(한화로 약 13,300원)로 세계에서 제일 높다. 이는 2위인 영국보다 2배 이상 높은 수치다.[2] 이렇게 제품 수와 소비액 모두에서 드러나는 압도적인 사용 행태는

단순한 구매력만을 의미하지 않는다. 한국 소비자들은 뷰티 자체에 깊이 관여하고, 높은 기준을 갖고 제품을 고른다. 이들은 제품을 사용하는 데 그치지 않고, 마치 한 분야에 몰두한 전문가처럼 뷰티를 탐구하고 즐긴다.

'덕후'라는 말이 있다. 일본에서 애니메이션·만화·게임 등 서브컬처에 과도하게 빠진 사람을 오타쿠おたく라고 하는데, 한국에서는 특정 분야에 깊은 지식과 열정을 보이는 사람으로 그 의미를 변용해 '덕후'라고 일컫는다. 그 과정에서 일본에서 사용하던 약간의 부정적인 어감은 사라지고, 우리나라에서는 전문성을 존중하는 긍정적 의미가 강해지고 있다. 대표적인 예로 코스메틱 덕후의 줄임말인 '코덕'은 화장품에 열정과 지식이 많은 소비자를 뜻한다.

코덕이자 K뷰티 산업의 붉은 악마인 한국 소비자들은 화장품의 성능을 하나하나 집요하게 따져보며, 상황과 필요에 따라 다양한 뷰티 포트폴리오를 조합해내는가 하면, 더 나아가 기존 제품을 과감히 변형하거나 해체하고, 아예 자신에게 최적화된 제품을 만들어내기까지 한다. 이렇게 고도의 '덕후력'을 가진 이들은 K뷰티의 숨은 설계자다. 더 새로운 품목과 더 나은 품질을 끊임없이 요구하며 브랜드 전체의 수준을 끌어올렸고, 산업 전반에 혁신을 촉진해왔다. 이로 인해 K뷰티는 전 세계에서 가장 빠르고, 가장 치열하게 진화하는 주인공이 될 수 있었다.

K스킨케어 루틴

다른 나라에 비해 압도적으로 많은 단계를 거치는 한국 여성들의 스킨케어 단계가 이른바 'K스킨케어 루틴'으로 알려지며 K뷰티의 성공을 견인하는 또 다른 공신으로 자리 잡았다.

이 장에서는 막강한 덕후력으로 K뷰티 시장을 추동해 온 한국 소비자의 특징을 살펴본다. 구체적으로 한국 소비자의 세밀한 화장 루틴, 자신에게 딱 맞는 화장품을 만들기 위한 맞춤화Customization 그리고 한국 소비자가 이끄는 성분 중심의 글로벌 화장 트렌드에 대해 살펴본다.

루틴 덕후 소비자

아침에는 간단히 3개 정도? 저녁에는 4~5개쯤 바르고 있어요.

자신만의 뷰티 루틴이 있다는 한 소비자의 말이다. 바쁜 아침에는 스킨·로션·선케어 정도로 간단히 마무리하고, 저녁에는 피부 회복을 위해 세럼·크림·아이크림까지 꼼꼼히 챙긴다고 한다. 오픈서베이의 '뷰티 트렌드 리포트 2025'에 따르면, 소비자들은 평균적으로 아침에는 3.72개, 저녁에는 4.05개의 제품을 사용하며, 일과 전후로 다른 스킨케어 루틴을 가지는 것으로 나타났다.[3]

K뷰티 소비자의 뷰티 루틴은 매우 꼼꼼하다. 아침과 저녁으로 나뉘는 데일리 스킨케어 루틴부터, 일주일간 꾸준히 실천하는 일주일 피부 관리 루틴, 환절기·여름철·겨울

아침·저녁에 사용하는 스킨케어 제품 수&조합

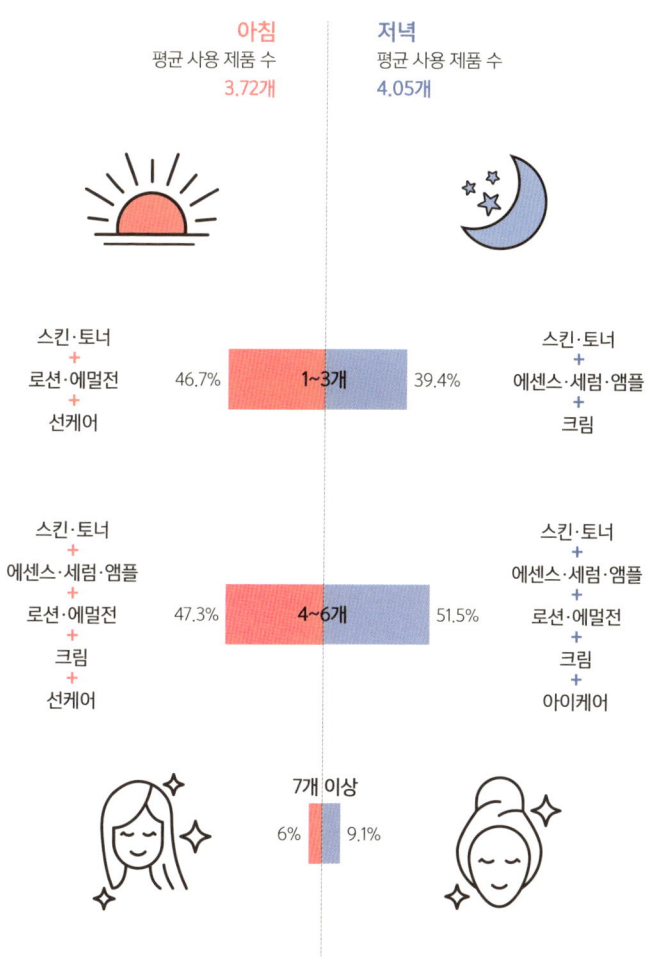

현재 스킨케어 제품을 사용하는 소비자 중 아침 987명, 저녁 988명을 대상으로 조사한 결과다. 각 시간대별 사용 제품 수와 대표적인 제품 조합을 함께 제시했다.

출처 : 뷰티 트렌드 리포트 2025 / 오픈서베이

철 등 환경 변화에 맞춘 계절별 루틴, 그리고 진정·모공 관리 등 피부 상태에 따른 루틴까지 그 유형도 다양하다. 이 외에도 각종 소셜 미디어에는 메이크업 루틴을 보여주는 #GRWM Get Ready With Me에 이어 화장을 지우는 과정을 담은 #GURWM Get UnReady With Me 콘텐츠가 등장했다. 심지어 분홍색 제품만 모아 쓰는 '올 핑크 스킨케어'처럼 색상에 따라 루틴을 구성하는 컬러별 루틴이 유행하는 등 K루틴의 세계는 점점 더 다채로워지고 세분화되고 있다.

스킨케어, 최소 제품으로 최대 효과를

예전엔 화장대 위에 늘어선 스킨케어 제품의 가짓수가 피부 관리의 '성실함'을 말해줬다. 얼마나 많은 단계의 제품을 알고 바르느냐가 코덕의 자격을 증명하는 기준이 되기도 했다. 하지만 요즘 소비자들은 다르다. '간결한 것이 더 아름답다Less is more'라는 격언을 몸소 실천하듯, 무작정 많이 바르기보다 덜 바르고도 더 효과적인 방법을 찾는다. 이러한 변화를 반영한 트렌드가 바로 스키니멀리즘Skinimalism이다. 스킨Skin과 미니멀리즘minimalism의 합성어인 스키니멀리즘은 단순히 제품 수를 줄이는 데 그치지 않는다. 핵심은 스킨케어 루틴을 최대 5단계 이하로 최소화하면서도, 다기능성 제품을 조합해 최대의 효과를 끌어내는 데 있다.[4] 최소 비용으로 최대 만족을 추구하는 경제의 원리처럼, 스키니멀리즘은 최소 제품으로 최대 효과를 추구하는 루틴 덕후 소비자들의 고도화된 뷰티 전략인 셈이다.

루틴의 대상은 얼굴만이 아니다. 얼굴 피부처럼 두피와 몸의 피부도 세심하게 관리하려는 스키니피케이션Skinification 트렌드와 함께, 관리의 범위는 전신으로 확장되고 있다.[5] 실제로 유튜브에서는 유명 연예인과 뷰티 인플루언서들의 헤어·바디 케어 루틴 콘텐츠가 큰 인기를 끌고 있으며, 최근에는 샤워하는 과정과 제품을 공유하는 샤워 위드 미Shower With Me 콘텐츠가 많게는 수십만 회의 조회 수를 기록하며 새로운 뷰티 루틴 콘텐츠로 떠올랐다.

해외에서도 전신을 케어하는 루틴 열풍은 거세다. 특히 머리부터 발끝까지 공들여 샤워하는 에브리싱 샤워Everything Shower의 인기가 심상치 않다. 머리 빗기부터 시작해 전신 스크럽, 헤어 마스크, 피부 각질 제거, 제모 등 샤워 전후로 이어지는 풀코스 셀프케어를 하나의 루틴으로 실천하는 것이다. 이러한 흐름은 자신만의 건강 루틴을 실천하는 여성상을 뜻하는 댓 걸That girl 라이프스타일의 확산과 맞물리며,[5] 샤워조차도 정교하게 설계된 자기 관리 루틴으로 자리 잡고 있음을 보여준다.

TPO에 따라 제품도 단계도 달라진다

스킨케어가 하루의 각기 다른 시간대에 맞춘 루틴이었다면 메이크업 루틴은 TPO^Time·Place·Occasion, 즉 상황에 맞게 구성된다. 최근 SNS에서 상황과 목적에 맞게 메이크업 제품과 루틴을 달리하는 #MOTD^Makeup Of The Day 콘텐츠들이 이러한 트렌드를 잘 보여준다. 이 해시태그는 주로 오늘의 패션 코디를 뜻하는 #OOTD^Outfit Of The Day와 함께 사용되며, 출근·결혼식·데이트 등 다양한 상황에 맞춘 메이크업 루틴을 기록하고 공유하는 감각적인 일상 콘텐츠로 자리 잡고 있다. 이는 데이터로도 확인된다. 패션 플랫폼 에이블리의 판매 데이터 분석에 따르면, 해외여행·결혼식·호캉스 등 특별한 날을 위해 옷과 화장품을 맞춰서 구매하는 소비자가 증가한 것으로 나타났다.[7]

TPO 루틴의 확산과 함께 소비자들의 꾸밈 단계 역시 점차 세분화되고 있다. '꾸안꾸(꾸민 듯 안 꾸민)'와 '꾸꾸꾸(꾸미고 꾸미고 또 꾸민)'가 대표적인 예다. 최근에는 꾸밈 정도를 1단계부터 5단계까지 나누는 밈^Meme이 등장하면서, 상황에 따라 자신만의 뷰티 루틴을 세분화하고 이를 놀이처럼 즐기는 문화가 퍼지고 있다. 예를 들면 1단계는 생얼, 슬리퍼와 모자 착용이 허용되는 단계이고, 2단계는 마스크를 벗어도 부끄럽지 않도록, 3단계는 인스타 스토리에 올려도 될 정도, 4단계는 인스타 게시물이나 카톡 프로필 사진으로 고정시켜도 뿌듯할 정도로, 마지막 5단계는 풀세팅으로 최소 2시간 이상 공들여 꾸미는 정도를 나타낸다. 약속 장소에 나갔는데 자신은 꾸밈 정도가 2단계이고, 친구는 5단계여서 서로 당황하면서 웃기도 하고, 함께 노는 데 불편함이 없도록 미리 꾸밈 단계를 조정하는 식이다.[8]

이러한 흐름에 맞춰 세분화된 뷰티 제품 포트폴리오를 갖추고 있는 소비자 역시 늘고 있다. 예를 들어, 1~2단계의 '꾸안꾸' 루틴에서는 파운데이션 대신 톤업 선쿠션, 아이브로우, 스킨 톤의 아이섀도, 컬러밤 등을 사용해 최대한 자연스러운 생얼 메이크업을 연출하는가 하면, 페스티벌이나 파티처럼 5단계의 '꾸꾸꾸' 꾸밈이 필요한 날에는 글리터 파츠와 과감한 컬러 섀도, 풍성한 인조 속눈썹 등을 활용해 화려한 풀메이크업 루틴을 따른다. 유튜브 등에서는 #쌩얼메이크업, #페스티벌메이크업 같은 다양한 TPO별 콘텐츠가 공유되며, 소비자들은 이를 참고해 자신에게 맞는 메이크업 루틴을 나노 단위처럼 구성하고 있다. 이 과정에서 자연스러운 입술 발색을 돕는 제품, 강렬한 립 색깔을 구현하기 위한 베이스 립 제품 등 목적에 따른 제품군이 추천되거나 아쉬운 점이 공유되면서 브랜드들의 상품 개발과 개선의 근거가 마련된다.

잠자는 시간을 활용한 루틴도 있다. 2024년 틱톡에서 시작된 **모닝 셰드** Morning Shed가 대표적인 예다. 이는 밤마다 시트 마스크와 입벌림 방지 스티커, 턱을 고정하는 슬리밍 스트랩, 헤어캡 등을 착용하고 잠자리에 든 뒤, 아침에 일어나 그 모든 것을 벗어 던지는 과정을 루틴으로 삼는다. 모닝 셰드 콘텐츠는 '못생겨질수록 더 예뻐진다'라는 역설적인 재미와 함께, 수면 시간마저도 케어 시간으로 활용하는 루틴 덕후들의 욕망을 반영하며 인기를 끌고 있다. 2025년 1월에는 #Morningshed 관련 틱톡 영상 조회 수가 9,600만 회를 돌파하기도 했다.[9] 이처럼 과도한 뷰티 루틴에 대해 일부 전문가들은 우려를 표하지만, 잠자는 순간마저 뷰티 전략으로 끌어들이는 루틴 덕후 소비자들의 집념은 새로운 시대적 미감을 만들어내고 있다.

커스텀 덕후 소비자

비싼 제품을 많이 바르면 좋다고 믿는 시대는 끝났다. 요즘

> **모닝 셰드** Morning Shed
>
> 틱톡에서 시작된 최신 뷰티&셀프케어 트렌드로, 밤에 여러 제품을 얼굴·머리·몸 등에 바르고, 아침에 그것들을 한꺼번에 '탈피shed'하는 루틴이다. 비포&애프터가 명확해 시각적인 만족감을 주고, '하루를 위한 자기 돌봄'이라는 인식 덕분에 유명세를 탔다. '하루를 시작하며 불필요한 것을 벗어내고 자신을 정비하는 의식'의 의미로서 비슷하게는 모닝 루틴, 모닝 페이지 등 다양한 형태로 나타나고 있다. 시각적인 변화, 몸·마음 케어, 셀프 리부팅이나 리셋 같은 감각이 한데 어우러진 트렌드로, 앞으로도 주목할 만하다.

소비자들은 시간대와 자신의 피부 컨디션에 따라 루틴을 유연하게 조절한다. 내 피부에 꼭 맞는 제품을 찾아 삶의 리듬에 맞춘 루틴을 세팅하는 시대의 소비자들에게 뷰티란 정답을 따르기보다 '나만의 공식'을 만들어가는 영역이다. 모두를 위한 평균값보다, 나만을 위한 정밀함을 원하는 시대다.

정체성과 취향이 극도로 세분화된 라이프스타일을 경험하면서, '나다움'을 추구하는 소비자들이 빠르게 늘고 있다. 특히 한국 소비자들은 퍼스널 컬러, 헤어 컨설팅, 골격 분석 코칭 등 다양한 자기 진단을 통해 높은 수준의 자기 이해력 즉, '자기 리터러시'를 갖추고 있다.[10] 이들은 더 이상 브랜드가 제시하는 정형화된 뷰티 공식을 그대로 따르지 않는다. '나'에 대한 깊이 있는 이해를 바탕으로, 자신의 피부 상태와 취향 등을 정확히 파악하고, 이에 가장 잘 맞는 최적의 뷰티 솔루션을 스스로 선택한다.

쿠꾸, 틴꾸, 립밤 키링… 뷰티도 액세서리다

이를 실천하는 커스텀Custom-made 덕후 소비자가 늘면서, 관련 상품도 대거 등장했다. 쿨톤Cool Tone, 웜톤Warm Tone을 분류해 출시된 제품들이 대표적이다. 예를 들어, 톤28TOUN28은 톤별 샘플 키트로 피부 톤과 취향에 맞는 기초 스킨케어 제품을 선택할 수 있도록 해, 개인 피부 특성이나 컬러에 적합한 맞춤형 뷰티 서비스를 제공했다. 한 걸음 더 나아가 쿨톤, 웜톤을 계절별로 나눠 가을 웜, 여름 쿨, 겨울 쿨 하는 식으로 세분화가 이뤄지자 그에 따른 색조 메이크업 제품들이 쏟아져 나왔다. 이런 세분화에 피로감을 느끼는 소비자를 위해 오히려 아예 어느 쪽에도 치우치지 않은 뉴트럴Neutral을 핵심으로 내세운 브랜드도 등장했다. 라카LAKA는 '대한민국 최초의 젠더 뉴트럴 메이크업 브랜드'로, 힌스Hince는 'Mood, Tone, Attitude'를 슬로건으로 감정과 분위기를 반영하는 뮤트톤의 상품을 선보이고 있다. 가히 다양성의 춘추전국시대라 할 만하다.

이러한 변화는 뷰티 제품에 대한 인식이 변했음을 여실히 드러낸다. 이제는 제품의 기본기만큼이나, 개성과 취향을 반영할 수 있는 여지가 핵심적인 가치로 부상한 것이다. 다시 말해 제품의 본질적인 기능인 '도우'보다, 그 위에 얹는 '토핑'이 더 중요해지는 '토핑 경제'의 흐름이 뚜렷하게 나타나고 있다.[11] K뷰티 제품의 전반적인 품질 향상과 신뢰도가 높아졌기에 지금 소비자에게 제품력은 당연하고 여기서 더 나아가 자신만의 터치를 더할 수 있는 가능성이 중요해진 것이다. '최고'라는 보편적인 기준은 더 이상 유효하지 않다. 일명 '커스텀 덕후'로 불리는 이들은 오직 자신에게 맞는 '최적'을 원하기 때문이다.

이와 관련해 최근 유행하는 것이 화꾸(화장품 꾸미기)다. 자신의 취향에 맞게 화장품 자체를 꾸미는 것으로 쿠꾸

화꾸(화장품 꾸미기)는 화장품에 아기자기한 스티커나 비즈 파츠를 붙이거나, 키링으로 만들어 가방이나 파우치에 다는 방식으로, 이를 통해 소비자들은 자신의 개성과 취향을 표현한다.

(쿠션 꾸미기), 틴꾸(틴트 꾸미기), 섀꾸(섀도 팔레트 꾸미기) 등 다양한 제품이 그 대상이 되고 있다. 간단하게는 화장품에 아기자기한 스티커나 비즈 파츠를 붙이거나, 화장품을 키링으로 만들어 가방이나 파우치에 다는 방식으로 소비자들은 자신의 개성과 취향을 표현한다. 패션 플랫폼 에이블리는 2024년 12월 20일부터 2025년 1월 19일까지 플랫폼 내 '립밤 키링' 검색량이 전년 동기 대비 37.5배, '립밤 홀더'는 약 8배 증가했다고 발표하며, '뷰티 액세서리'를 2025년 스타일 트렌드 중 하나로 선정했다.[12] 국내에서는 퓌·클리오·어뮤즈 등의 다양한 브랜드가 화꾸 열풍을 반영한 신제품과 키트를 출시하며 소비자 반응을 이끌어내고 있다.

내게 꼭 맞는 제품이 없다면, 직접 만든다

여기서 한 발 더 나아가, 소비자들은 자신의 취향에 맞는 화장품을 직접 만들기도 한다. 그중 최근 SNS에서 유행하는 립 팔레트 만들기가 있다. 이는 공(空)팔레트에 립밤·립스틱·립앤치크 등 자주 사용하는 립 제품을 소분해 담는 방식으로, 소비자들은 자신만의 꿀조합 립 제품을 완성한다. 여기에 컬러 코렉터, 크림 하이라이터, 컨실러, 선크림까지 더해 올인원 팔레트로 확장되기도 한다. 각기 다른 여러 제품이 하나의 용기에 담기고 휴대가 간편한 작은 사이즈로 커스텀돼 실용성과 소장 가치 모두 만족할 수 있다. 해외에서도 기존 완성품을 보다 실용적인 용기에 옮겨 담거나, 원하는 제품만 골라 자신만의 메이크업 키트를 구성하는 #depotting makeup 트렌드가 확산되고 있다.[13]

맞춤형 제품에 대한 소비자 니즈가 증가하면서 뷰티업계 또한 이에 대응해 다양한 전략을 펼치고 있다. 먼저 제품 구성을 다양화해 소비자의 선택지를 넓히는 추세다. 티르티르TIRTIR는 각각의 피부 톤을 아우르는 파운데이션 수요를 반영해, '마스크 핏 레드 쿠션'을 출시한 이후 색상 옵션을 지속적으로 추가해왔다. 현재까지 총 45가지의 파운데이션 색상을 갖춰 전 세계적인 인기를 끌고 있으며, 2024년 6월에는 아마존 뷰티 카테고리 전체 1위에 오르기도 했다.[14] 이러한 흐름은 립 제품에서도 이어진다. 2025년 5월 1일 롬앤rom&nd은 성수동에 첫 오프라인 매장 '핑크 오피스'를 열고, 플래그십 스토어 한정 제품인 '성수 쥬시 더 래스팅 틴트 미니'를 총 13가지 컬러로 선보였다. 특히 초록·주황·보라·검정 등 기존에 보기 어려웠던 과감한 색상을 제공해 선택지를 확장했으며, 소비자들은 새로운 컬러에 도전하거나 기존 제품과 조합해 자신만의 베리에이션variation을 즐기고 있다.

아예 상품을 구매할 때부터 소비자가 커스텀할 수 있도록 해주는 제품과 서비스도 생겼다. 예를 들어, 아모레퍼시픽의 헤라HERA는 대표 제품 '센슈얼 립'을 맞춤형으로 제조해주는 '센슈얼 립 커스텀 매치' 서비스를 런칭했다. 인공지능과 독자적인 컬러 진단 솔루션을 기반으로 3가지 제형과 142가지 색상, 5가지 향을 조합해 소비자 피부 톤과 취향에 맞는, 무려 2,000여 가지 립 제품이 제공된다.[15] '올리브영N 성수'에서 체험해볼 수 있는 서비스 'Find Your Color Program'도 비슷한 맥락이다. 이는 소비자가 원하는 아이섀도 컬러를 직접 선택해 조합하는 체험형 프로그램으로, 소비자들은 세상에 단 하나뿐인 자신만의 아이섀도 팔레트 '내컬네픽'을 만들 수 있다.[16] 현장 예약제로 제한적으로 운영되고 있음에도 불구하고, 자신만의 꿀조합을 찾고자 하는 소비자들의 높은 관심 덕분에 참여 경쟁이 치열하다.

자신에게 맞춘 커스터마이징 문화가 확산되면서, 함

께 중요해지는 것이 '테스팅' 트렌드다. 대안의 홍수 속에서도 나에게 딱 맞는 하나를 찾기란 쉽지 않기 때문에, 소비자들은 구매에 신중할 수밖에 없다. 그러니 바로 구매하기보다 먼저 맛보기를 원하고, 한 가지를 오래 사용하는 대신 가능한 많은 제품을 조금씩 경험해보며 최적의 제품을 찾으려 한다. 이는 콘텐츠 산업의 스트리밍 문화, 가전·유통 분야의 구독 서비스 등에서도 나타나는 공통된 트렌드다.

국내 뷰티 시장에서 테스팅 문화를 가장 잘 구현하고 선제적으로 이끈 곳이 올리브영 매장이다. 수많은 브랜드의 상품을 한 자리에서 비교하고, 각각의 상품을 체험해볼 수 있도록 테스터를 운영하면서 일찍이 뷰티 덕후들의 놀이터로 자리 잡았다. 이름이 알려지지 않은 중소 기업 브랜드들도 올리브영 매장을 통해 고객들을 가까이에서 만날 수 있었고, 브랜드 이름이 아닌 상품 자체의 품질로 고객에게 적극 어필할 수 있게 되면서 소규모 인디 브랜드도 빠르게 성장할 수 있었다.

이러한 경향이 두드러짐에 따라 다양한 제품을 부담 없이 경험할 수 있는 '소용량' 뷰티 제품에 대한 선호가 두드러지고 있다. 에이블리의 2024년 4분기 검색 데이터에 따르면, 키워드 '미니'를 포함한 뷰티 상품 검색량이 1분기 대비 76% 증가하였고, 그중 '미니 틴트'와 '미니 쿠션'의 검색량은 2배 가까이 급증하며 폭발적인 성장세를 보였다. 과거에

나만의 색깔을 찾아서.
세상에 단 하나뿐인 나만의 아이섀도 팔레트를 꾸밀 수 있는 올리브영의 '내컬네픽'(위)과 헤라의 대표 제품 '센슈얼 립'을 맞춤형으로 제조해주는 '센슈얼 립 커스텀 매치' 서비스. 색 조합을 통해 무려 2,000가지 립 제품을 만날 수 있다.

는 증정용이나 여행용 키트의 부속품으로 여겨졌던 소용량 뷰티가 이제는 하나의 독립된 카테고리로 자리 잡으며 괄목할 만한 성장을 이뤄낸 것이다.[17] 이러한 미니 뷰티 제품의 인기에 국내 뷰티 브랜드뿐만 아니라 유통업계도 너나없이 뛰어들고 있다.

한편, 화장품의 사용 방식도 '나'에 맞춰 진화하고 있다. 활용 방법 자체를 커스터마이징하는 것이다. 이에 따라 하나의 제품으로 여러 효과를 얻을 수 있는 멀티유즈Multi-Use 화장품의 인기가 높아지고 있다. 멀티유즈란 본래 콘텐츠업계에서 하나의 오리지널 콘텐츠를 소설·영화·드라마 등 다양한 매체로 확장하는 원 소스 멀티유즈OSMU, One Source Multi-Use에서 나온 말이다. 화장품에서의 멀티유즈란 하나의 제품을 립·치크·아이섀도 등 다양한 메이크업 용도로 활용하거나, 얼굴·몸 등 여러 부위에 두루 발라도 부담 없는 다용도 뷰티·케어 제품을 일컫는다. 실제로 쇼핑 플랫폼 지그재그에 따르면, 2024년 한 달(9월 11일~10월 10일) 멀티유즈 상품(패션 포함) 거래액은 2023년 동기 대비 최대 33배 이상 급증했다. 특히 멀티유즈 화장품 부문에서 가파른 성장세를 보였는데, 다양한 부위에 바를 수 있는 '멀티 밤'의 거래액은 전년 동기 대비 49%, 검색량은 331% 증가했으며, 립 제품과 블러셔로 동시에 활용 가능한 '립 앤 치크'는 거래액이 1,963%, 검색량이 3,256%나 폭증하며 폭발적인 인기를 증

명했다.[18]

　이렇듯 범용 제품에 대한 선호가 높아지다 보니 정해진 사용법에 얽매이지 않는 화장법인 원프로덕트 메이크업 One-Product Makeup이나 립스틱 메이크업 Lipstick Makeup으로 이어진다. 베이스 메이크업을 마친 후, 립스틱이나 립라이너 하나만으로 전체 메이크업을 완성하는 방식으로, 립 제품을 입술뿐 아니라 볼과 광대에 바르는 블러셔로 활용하는가 하면 아이섀도와 쉐딩 제품을 사용하는 대신 눈두덩이와 콧대 옆에 은은하게 펴 발라 자연스러운 생기와 입체감을 더하는 식이다. 최근 틱톡과 유튜브를 중심으로 관련 영상이 빠르게 확산되며 전 세계적인 화제를 모으고 있다.[19] 영국의 메이크업 아티스트 에밀리 우드가 자신의 틱톡에 업로드한 립라이너 트릭 Lip-liner Trick 영상들은 누적 조회 수 2,500만 회(2024년 10월 기준)를 돌파하며, 그 인기를 실감하게 했다.[20] 이처럼 본래 용도가 정해진 제품일지라도, 소비자들은 자신의 취향과 선호에 맞춰 사용 방식을 달리하고, 제품을 자신만의 방식으로 재해석해 활용하려는 능동적이고 창의적인 소비 성향을 적극적으로 드러내고 있다.

성분 덕후 소비자

덕후력으로 무장한 소비자의 증가는 소비와 제품 트렌드의 흐름을 기업이 아닌 소비자가 주도하는 중요한 변화를 만든다. K뷰티 시장 역시 이 흐름에서 예외가 아니다. 브랜드가 주도하던 트렌드의 중심축이 점차 소비자 쪽으로 이동하면서, 화장품 기획과 마케팅 전략 또한 이들의 참여와 열정을 전제로 재구성되고 있다. 이제는 소비자가 '따라가는 존재'가 아니라, 트렌드를 '만드는 존재'로 자리 잡은 것이다. 이러한 변화의 중심에 선 한국 소비자들의 덕후력이 어떻게 새로운 뷰티 트렌드를 만들어가고 있는지 살펴보자.

선택 기준? 나 스스로 납득할 수 있어야

덕후력 소비자가 주도하는 가장 뚜렷한 트렌드는, 성분을 기준으로 제품을 고르는 소비자가 빠르게 늘고 있다는 점이다. 소비자는 상품의 뒷면에 적힌 깨알 같은 글씨를 읽거나 화장품 정보 플랫폼 앱인 화해(화장품을 해석하다)를 활용해 성분을 확인한다. SNS 피드를 넘기고 앱을 넘나들며 직접 성분을 비교하고, 성분의 효과도 스스로 판단하는 것이다. 유튜브나 인스타그램 등 SNS의 확산, 챗GPT와 같은 AI 기반 서비스의 성장 그리고 화해 등 화장품 정보 플랫폼의 등장이 맞물리며 뷰티 분야의 정보 접근성이 눈에 띄게 향상

성분에 대한 집요한 관심과 집착은 '성분'이라는 브랜드의 탄생으로 이어졌다. 우리말 '성분'을 내세운 '성분에디터'는 그린토마토, 머루포도 등의 천연 소재 화장품으로 미국 시장을 공략해 성공을 거두었다.

된 덕이다.

    그 결과, 브랜드가 일방적으로 '좋다고 말하는' 제품이 아니라, 소비자 스스로 '납득할 수 있는' 정보와 데이터를 통해 진짜 좋은 성분을 판별하려는 흐름이 강해졌다. 이는 제품이나 브랜드의 이미지보다 기능을 중시하는 뷰티 트렌드의 확산으로 이어지고 있다. 실제로 화장품 성분 정보 앱 화해의 '2025 뷰티 트렌드 리포트'에 따르면, PDRN·글루타치온·아스타잔틴 등 주요 기능성 성분에 대한 검색량이 최근 2년간 큰 폭으로 증가했다. 이 밖에도 보습·장벽을 돕는 세라마이드·히알루론산 같은 기능성 성분에 대한 관심 역

주요 기능성 성분에 대한 검색량 증가

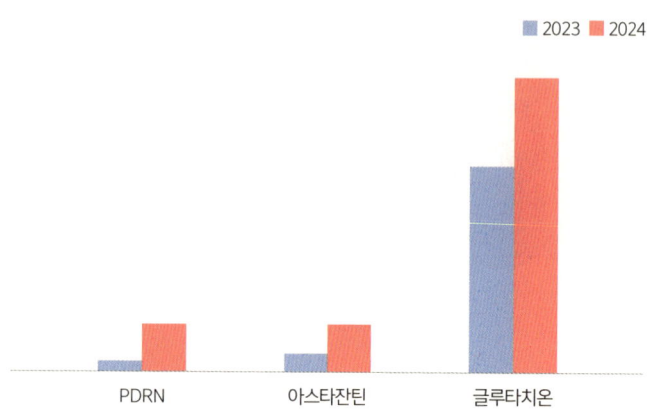

PDRN 검색 추이

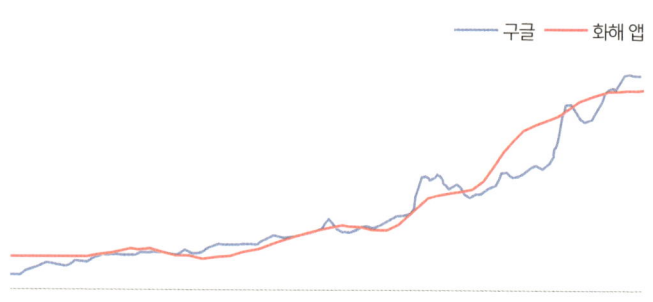

화장품 성분 정보 앱 화해의 '2025 뷰티 트렌드 리포트'에 따르면, PDRN·글루타치온·아스타잔틴 등 주요 기능성 성분에 대한 검색량이 최근 2년간 큰 폭으로 증가했다. 아래 그래프를 통해서는 이러한 성분 중심의 소비 트렌드가 세계적으로도 확대되고 있음을 추측해 볼 수 있다.

출처 : 뷰티 트렌드 리포트 2025 / 오픈서베이

시 꾸준히 높아지고 있어,[21] 뷰티 제품 선택의 기준이 성분 중심으로 재편되고 있음을 보여준다.

성분 덕후 소비자들이 최근 가장 열광하는 뷰티 키워드는 단연 더마뷰티Derma Beauty다. 단순한 보습이나 진정을 넘어 피부과학Dermatology적으로 효과가 검증된 뷰티를 찾는 흐름이 주류로 떠올랐다. 이러한 더마뷰티의 인기는 피부 건강을 오래 유지하고 노화를 늦추려는 슬로우 에이징Slow Aging 트렌드와 맞물리며 빠르게 확산 중이다. 소비트렌드분석센터가 인터뷰한 한 피부과 전문의에 따르면, 최근에는 다양한 인플루언서들이 직접 겪은 시술 경험을 공유하는 콘텐츠가 유행을 주도하고 있으며, 국내 시술 장비의 기술력 향상으로 합리적인 미용 시술에 대한 접근성도 크게 높아지고 있다. 이로 인해 특히 MZ세대를 중심으로 리프팅·레이저·스킨 부스터 등 저속노화를 위한 피부과 시술이 일상화되면서,[22] 병원과 약국에서 판매·사용되는 더마뷰티 제품도 소비자들에게 큰 인기를 끌게 된 것이다. 실제로 SNS에서는 #약국뷰티템, #피부과꿀템 등 더마뷰티 제품에 관한 콘텐츠 조회 수가 수십만 회 이상을 기록하고 있다. 직접 제품을 사용해본 소비자들의 생생한 후기까지 더해져 입소문도 확산되고 있다. 이러한 흐름 속에서 국내 더마 코스메틱 시장은 2017년 5,000억 원에서 2022년 4조 5,325억원 규모로 급성장하며 더마뷰티 열풍을 입증하고 있다.[23]

성분에 진심인 소비자들은 기구^{Device} 활용에도 적극적이다. 단순히 좋은 성분을 바르는 데 그치지 않고 성분의 피부 투과율을 높이고, 효능과 효과를 극대화하기 위해 뷰티 디바이스를 함께 사용한다. 유튜브를 비롯한 각종 SNS에서는 #뷰티디바이스추천, #뷰티디바이스리뷰와 같은 콘텐츠가 쏟아지고 있으며, 사용 후기부터 제품 비교까지 공유하는 움직임이 활발하다. 키워서베이가 국내 남녀 2,964명을 대상으로 실시한 뷰티 디바이스 관련 설문조사에 의하면, 응답자 절반 이상(55.5%)이 뷰티 디바이스를 사용한 경험이 있으며, 이 중 42.3%는 주 1~2회 주기로 꾸준히 사용하는 것으로 나타났다.[24]

내 건강뿐만 아니라 지구의 건강까지

최근 뷰티의 개념이 단순한 외모 관리를 넘어 건강까지 포괄하면서, K뷰티 소비자의 관심은 바르는 성분에서 먹는 성분으로 확장되고 있다. 이를 반영하는 트렌드가 바로 이너 뷰티^{Inner Beauty}로, 최근 가장 주목받는 것으로 말차^{抹茶, Matcha}가 있다. 커피의 대체제로 떠오른 말차는 폴리페놀, L-테아닌 등 건강에 유익한 성분을 담고 있는 것으로 알려져[25] 웰니스를 지향하는 성분 덕후 Z세대의 대표 음료로 자리 잡았다. 특히 클린 걸^{Clean Girl} 트렌드와 맞물려 말차가 건강하고 힙한 라이프스타일의 상징으로 부상하면서 SNS에서는 말차라떼 인증샷과 말차 밈#matchameme도 빠르게 확산되고 있다. 이러한 흐름 속에서, 2024년 말 아모레퍼시픽의 티 브랜드 오설록은 미국의 프리미엄 유기농 마켓 에레혼Erewhon에 입점하며, 글로벌 시장에서 K이너 뷰티의 존재감을 각인시키기도 했다.[26]

이너 뷰티 열풍은 레티놀·콜라겐 등 '먹는 화장품'으로 불리는 건강기능식품 시장의 성장으로도 이어졌다. 쇼핑 플랫폼 지그재그는 2025년 3월 '이너 뷰티' 검색량이 전년 동기 대비 1,714%, 관련 상품 거래액은 2,024% 급증했다고 밝혔다.[27] 건강기능식품 시장의 확대와 함께 제품 선택지는 더욱 다양해졌지만, 소비자들의 기준은 여전히 분명하다. 성분과 효과다. 라이프스타일 매거진 《싱글즈》의 설문조사에 따르면, 소비자들은 이너 뷰티 제품 구매 시 효과(55%)와 성분(38%)을 가장 중시하는 것으로 나타났다.[28] 결국 이너 뷰티 역시 성분 중심 소비의 연장선에 있음을 알 수 있다.

요즘 젊은 소비자들은 어릴 때부터 기후 재난을 경험하며 자란 세대여서 '기후감수성'[29]이 높다. 영국 컨설팅 그룹 딜로이트가 전 세계 44개국 약 2만 3,000여 명의 MZ세대를 대상으로 실시한 설문조사에 따르면 이들의 가장 큰 걱정거리 1순위는 생활비, 2순위는 기후 변화인 것으로 나타났다.[30] 기후 변화가 생활비 다음으로 큰 고민인 만큼, 환경에 대한 책임감을 구체적인 소비 선택으로 실천하는 경향도 두드러진다. 화장품 하나를 고를 때도 마찬가지다. 성분이 피부에 어떤 효과를 주는지를 넘어서, 환경에 어떤 영향을 미치는지까지 고려한다. 이들에게 '좋은 성분'이란, 피부는 물론 지구에도 이로운 것이어야 한다.

이러한 변화는 하루아침에 생긴 것이 아니다. 소비자들은 지난 몇 년간 클린 뷰티Clean Beauty로 인체에 유해한 성분을 덜어내고, 비건뷰티Vegan Beauty로 동물 실험을 지양하는 소비 문화를 일궈왔다. 그 연장선상에 있는 최신 트렌드가 바로 컨셔스 뷰티Conscious Beauty다. '의식 있는Conscious'이라는 말처럼, **컨셔스 소비자**는 인체에 무해한 것을 넘어서, 화장품에 사용된 성분이 자연으로 돌아갔을 때 환경에 끼칠 영향까지 고려하며 보다 확장된 가치 소비 문화를 만들고 있다. 매조미디어의 '2023 화장품 업종 분석 리포트'에 따르면, 응답자 10명 중 4명은 컨셔스 뷰티 제품을 구매한 적이 있으

컨셔스 소비자 Conscious Consumer

자신의 소비가 세상에 미치는 영향을 인식하고, 윤리적·지속가능성·환경 보호·사회적 책임 등을 고려해 구매 결정을 내리는 소비자를 의미한다. 친환경 소재의 제품을 구매하거나, 공정무역 인증 상품과 지역 소상공인 브랜드를 선호하거나, 과잉 포장 상품을 구매하는 것을 피하는 등 다양한 형태로 행동한다. 이 개념은 특정 한 사람이 창안했다기보다는 1970, 80년대 환경 운동, 1990년대 공정무역 운동, 2020년대 ESG 논의 확산 과정에서 자연스럽게 등장한 용어로 추정된다.

바다를 생각한 Reef Safe 선크림

컨셔스 뷰티의 대표적인 사례로 리프 세이프 선크림을 들 수 있다. 해변에서 선크림을 바르고 해수욕을 할 경우, 선크림 속 성분이 바다에 녹아들어 산호초에 악영향을 줄 수 있다는 인식이 확산되면서, 이러한 유해 성분을 배제한 제품이 바다 생태계를 보호하려는 소비자들의 가치관을 반영한 예로 주목받고 있다.

며, 이들 중 78%는 재구매 의향이 있다고 답했다.[31]

성분 중심의 컨셔스 뷰티 트렌드를 잘 보여주는 대표적인 사례로 리프 세이프Reef Safe 선크림을 들 수 있다. 이 제품군은 산호초에 유해한 옥시벤존·옥티노세이트 등을 첨가하지 않는다.[32] 해변에서 선크림을 바르고 바다에 들어갈 경우, 선크림 속 성분이 바다에 녹아들어 산호초에 악영향을 줄 수 있다는 인식이 확산되면서, 이러한 유해 성분을 배제한 제품이 바다 생태계를 보호하려는 소비자들의 가치관을 반영한 예로 주목받고 있는 것이다. 소비자의 수요가 높아짐에 따라, 라운드랩·달바·닥터지 등 다양한 브랜드가 앞다퉈 리프 세이프 제품을 출시했고, 2024년에는 GSC글로벌표준인증원이 산호초 보호 인증인 리프 프렌들리Reef Friendly에 대한 기준과 인증 마크를 마련하기도 했다.[33]

소비자로부터 시작하라

브랜드는 더 이상 기업이 소비자에게 말하는 것으로 정의되지 않는다. 소비자들이 서로에게 말하는 무언가로 정의된다.
_스콧 쿡

미국의 비즈니스 소프트웨어 회사인 인튜이트Intuit의 공동 창업자 스콧 쿡Scott Cook의 말이다. 이는 오늘날 브랜드의 주도권은 더 이상 기업에 있지 않다는 사실을 명확히 보여준다. 그리고 이러한 트렌드가 가장 뚜렷하게 작동하는 산업이 바로 K뷰티다.

K뷰티 소비자들은 단순히 브랜드가 제공한 가치를 수동적으로 소비하지 않는다. 오히려 주체적으로 비교하고 질문하며, 자신의 목소리로 브랜드와 산업의 방향성에 영향을

미친다. 소비자는 브랜드가 만든 틀을 넘나들며 덕후력을 뽐낸다. 브랜드가 제공하는 것 이상의 가치와 포인트를 캐내어 소비하고 덕질하는 것이다. 이 과정에서 브랜드가 일방적으로 메시지를 전달하던 시대는 지나가고, 소비자와 브랜드는 이전보다 훨씬 긴밀한 관계로 재구성되고 있다. 많은 이들이 이것이야말로 K뷰티의 경쟁력이라고 말하는 지금, 이 흐름이 여러 브랜드와 산업에 가르쳐주는 사실은 분명하다.

제품 개발에서 마케팅·영업·유통 그리고 소비자 보호에 이르기까지 경영의 전 과정을 통해 요즘 소비자의 높아진 덕후력에 발맞출 줄 알아야 한다는 사실이다. 소비자들은 더 이상 화려한 마케팅이나 유명 모델에 흔들리지 않는다. 화장품의 성분 하나, 함량 하나도 직접 따져보고, 실제 효능과 효과를 기준으로 까다롭게 선택한다. 광고보다 실제 리뷰를, 감성보다 과학적 근거를 따진다. 소비자는 기업의 메시지나 큐레이팅을 그대로 받아들이는 수동적인 입장이 아니라, 직접 개인화하며 브랜드와 상품을 '가지고 노는' 주체로 거듭났다. 소비자가 '자기 리터러시'를 가진 시대이니만큼, 기업 역시 소비자를 읽어낼 수 있는 '고객 리터러시'가 필요하다.

막강한 덕후력을 가진 소비자가 K뷰티의 판을 바꾸고, 이것은 다시 세계 뷰티 시장의 트렌드를 바꾼다. 이러한 현상이 말하는 바는 분명하다. 오늘날 소비자는 브랜드를 성장시키는 전략적 파트너라는 점이다. 소비자들의 집요하고 까다로운 피드백은 제품 경쟁력을 끌어올리는 기회이자, 브랜드의 지속가능성을 끌어올리는 실질적인 동력이 된다. 이제는 정답을 제시하는 브랜드보다, 소비자와 함께 정답을 찾아가는 브랜드가 살아남는다. 기억하라. 모든 출발은 이제 소비자로부터 시작해야 한다.

Do it! Like K-Beauty

1. 우리 제품을 소비자의 루틴에 침투시켜라.
K뷰티 소비자는 머리부터 발끝까지는 물론, 이너 뷰티를 통해 심적·신체적 건강까지 관리하는 일상적 루틴을 갖고 있다. 시간적으로도 아침과 저녁을 구분해 스킨케어와 메이크업을 다르게 구성하고, 심지어 수면 시간조차 관리의 일부로 활용한다. 이처럼 세분화된 루틴 속에 우리 제품이 자연스럽게 자리 잡도록, 목적·시간·공간별 전략적 진입 포인트를 고민해야 한다.

2. 개인화된 맞춤 서비스를 제공하라.
소비자의 '자기 리터러시'가 높아지는 만큼, 자신에게 맞는 꼭 맞는 제품을 찾으려는 요구도 높아지고 있다. 이에 발맞춰 정교하게 설계된 맞춤형 제안, 취향과 목적에 따른 제품 구성으로 이들의 기대를 충족시키자. 정답을 제시하는 것보다 함께 찾아가는, 의미 있는 선택지를 구성하는 것이 소비자의 신뢰와 충성도를 쌓는 결정적 차별점이 될 것이다.

3. '고객 리터러시'를 높여라.
성분이나 함량을 따져보고 실제 효능에 대해 스스로 납득할 수 있는 정보를 모으며, 환경오염까지 우려하는 요즘 소비자는 단순히 까다로운 고객이 아니다. 내부에서는 미처 발견하지 못했던 제품 경쟁력을 끌어올리는 기회를 주는, 떠올리지 못했던 아이디어와 브랜드의 지속가능성을 이끄는 동력이다. 가장 까다로운 고객에서부터 시작하라.

에필로그

K뷰티가 선생이다

K뷰티의 성공 스토리는 지금까지의 성취만으로도 가슴이 벅찰 만큼 대단하다. 크고 작은 화장품 관련 기업이 모여 선순환 생태계를 이루고, 전 세계 3위 화장품 수출국이라는 놀라운 성과를 단기간에 일궈냈다.[1] 하지만 우리는 아직도 배고프다. 더 성장하고 싶다. 단순히 K뷰티 산업만의 성공으로 국한하고 싶지 않다. 그래서 우리는 이 책 전반에 걸쳐 K뷰티가 다른 산업에게 어떤 교훈을 줄 수 있는지에 초점을 맞춰 분석했고, 이제 두 가지 과제를 제안하며 이 책을 맺고자 한다.

첫째, K뷰티의 영토를 더욱 넓히기 위해서는 무엇이 필요한가?

둘째, 우리는 K뷰티로부터 무엇을 배울 것인가?

K뷰티의 영토를 넓혀라

높은 품질과 가격 경쟁력이 가져오는 선순환

K뷰티의 인기는 언제까지 이어질까?

K뷰티가 지금까지는 순조롭게 성장 가도를 달려왔지만, 중장기적으로 의문을 제기하는 목소리도 존재한다. 현재 전 세계의 걱정거리인 미국의 상호 관세 문제가 해결되지 않는다면, 우리 화장품의 가격 경쟁력이 약화되면서 현지 생산 시설을 갖지 못한 인디 브랜드는 큰 타격을 받을 것이다. 나아가 EU 그린딜 정책과 같이 점차 강화되는 규제에 대비해 산업 생태계 전반이 신속하게 대응해야 한다는 과제는 여전히 진행 중이다. 좀 더 본질적인 고민도 있다. 언젠가 K팝이나 K드라마 등 K콘텐츠의 인기가 수그러든다면, 덩달아 K뷰티 열풍도 시들해지지 않을까 하는 우려다.

아직은 긍정론이 우세하다. K뷰티의 잠재력은 크다. K뷰티 브랜드와 제조·유통 생태계가 오랜 시간 업력을 쌓으면서 내공을 단단히 해왔기 때문이다. 무엇보다도 K뷰티는 좋은 품질을 유지하면서도 가격 경쟁력이 높은 만큼 소비자들에게 접근성이 높다. 이것은 K뷰티의 성공 요인 중 가장 중요하다고 볼 수 있는데, 세계 뷰티 시장을 선도하는 MZ

세대와 새로운 지역 소비자에게 중저가의 제품을 더 빠르게 확산시킬 수 있기 때문이다. 소비자 후기가 활발하게 생성되며 이는 또다시 더 많은 소비자들에게 구매 근거로 작용하는 선순환이 이어진다. 나아가 압도적인 가성비는 아직 소득 수준이 높지 않은 인도나 아프리카 등 새로운 시장을 개척할 때 큰 무기가 된다. 가격이야 중국 제품이 더 저렴할 수 있지만, 화장품은 문화적 선망성이 중요한 상품이다. 그동안 쌓아온 한국의 아름다움에 대한 고유한 이미지는 다른 나라 제품이 따라올 수 없는 문화적 해자 역할을 할 수 있다.

그 승거는 앞서 언급한 것처럼 로레알·에스티로더·유니레버 같은 글로벌 메가 브랜드들이 한국의 주요 화장품 회사를 인수하고 있다는 사실이다. 이들은 전 세계에서 증가하는 K뷰티 수요에 대응하고, 동시에 글로벌 시장을 공략하기 위해 한국 뷰티 브랜드의 경쟁력을 활용하고자 한다.

상생 생태계의 글로벌 확장

K뷰티는 이제 단순한 유행을 넘어, 세계 뷰티 시장의 트렌드를 이끄는 주역이자 신뢰받는 이름으로 자리 잡았다. 유럽·북미·중동 등 새로운 시장에서도 K뷰티의 성장 가능성이 높게 평가되고 있다. 이러한 흐름 속에서 K뷰티 주요 기업들은 'K의 후광'을 넘어, 품질과 혁신성을 유지하는 동시

에, 환경과 사회적 책임 그리고 소비자와의 신뢰를 강화하는 과제를 함께 풀어가야 한다. 그중에서도 상생 생태계의 글로벌 확장, 새로운 카테고리 개발, 소비자 세그먼트 확장은 K뷰티가 성장 모멘텀을 이어가기 위한 핵심 전략이 될 것이다.

국내 K뷰티 시장은 ODM 기반으로 우수한 상품을 만들어온 수많은 중소 브랜드사들과, 이들이 시장에서 소비자를 만나 성장할 수 있도록 지원해온 올리브영 같은 유통사의 동반 성장을 통해 성숙했다. 앞으로 K뷰티가 글로벌 시장에서도 더 크게 도약하기 위해서는 브랜드와 유통 간의 유기적 협력 구조가 해외에서도 정착돼야 한다. 지금까지의 K뷰티 글로벌 진출은 주로 온라인에 의존해왔고, 아마존 같은 대형 플랫폼 안에서의 K뷰티는 수많은 제품 중 하나에 불과했다. 즉, 글로벌 현지 소비자에게 K뷰티만의 차별화된 경쟁력을 충분히 전달하기에는 한계가 있었던 셈이다.

최근 미국의 세포라나 얼타뷰티 같은 거대 오프라인 유통업체들이 K뷰티 브랜드에 러브콜을 보내기 시작하고, 올리브영 또한 미국 내 오프라인 매장 출점을 추진하고 있다. 이는 한국 인디 브랜드에게 고무적인 소식이다. 판매 채널이 확대되는 것을 넘어, 국내에서 그랬듯 소비자 중심의 큐레이션을 통해 자연스럽게 K브랜드를 노출하고 경험시키는 오프라인 플랫폼이 생기는 것이기 때문이다. 이는 글로벌 시장에서 오프라인 마케팅을 전개할 여력이 부족한 인디 브랜드에게 강력한 지원군이 될 것이다.

K뷰티가 성장 모멘텀을 이어가는 두 번째 전략으로, 향후 개척할 수 있는 카테고리가 많이 남아 있다는 점을 들 수 있다. 그동안 K뷰티는 스킨케어에 집중해왔다. 하지만 색조 화장품 역시 현지 대응력을 통해 잘 해낼 수 있는 영역이다. 헤어와 바디케어도 주목할 만하다. 한국 소비자들은 얼굴뿐 아니라 몸과 머릿결 관리도 게을리하지 않는다. 이러한 습관과 수요는 K뷰티 브랜드의 제품 기획과 제조 역량에 이미 충분히 반영돼 있어, 이 두 분야 역시 글로벌 시장에서의 성장이 기대된다.

현재 빠르게 성장하고 있는 또 하나의 유망 분야는 먹는 화장품, 즉 이너 뷰티Inner Beauty다. 최근 외면과 내면의 건강과 아름다움을 중시하는 방향으로 트렌드가 바뀌면서, 이너 뷰티에 대한 관심도 크게 높아지고 있다. 여기에 더해, 미용 기기를 활용한 뷰티 디바이스 시장도 뜨거운 관심사로 떠오르고 있다. 손으로 화장품을 바르는 데서 한 걸음 더 나아가, 다양한 기구를 이용해 미용 효과를 극대화하려는 수요가 증가하고 있으며, 이를 겨냥한 신제품 개발도 활발하다. 색조·바디·헤어·이너 뷰티·디바이스 등 다양한 영역으로 지평을 넓혀갈 K뷰티의 다음 행보가 기대된다.

마지막으로 소비자군群, 즉 세그먼트도 충분히 확장될

여지가 있다. 현재 글로벌 시장에서 K뷰티를 선호하는 주요 연령층은 10대 후반에서 20대 초반의 젊은 소비자인 Z세대로, 이들은 SNS를 통해 한국의 뷰티 루틴을 접하고 구매한다. 소비자 세그먼트가 이들에게 집중돼 있다는 것은 앞으로 다른 연령대로 확장할 가능성이 있다는 의미이기도 하다. 예를 들어, 미국에서는 최근 9세에서 12세 사이의 트윈Tween 세대가 새로운 뷰티 소비층으로 주목받고 있다. 트윈 세대는 틱톡과 같은 SNS의 영향을 많이 받으며, 여드름 피부 등 순하고 안전한 스킨케어에 관심이 많고, 부모를 통한 간접 구매력을 갖추고 있다. K뷰티 브랜드 입장에서는 유망한 신규 타깃으로 볼 수 있다.

또 하나의 중요한 세그먼트는 남성 시장이다. 한국만큼 미용에 진심인 남자들도 드물다. 한국 남성은 미국이나 프랑스 남성보다 10배 더 많은 스킨케어 비용을 지출하고, 그 결과 전 세계 남성 스킨 제품의 13%를 한국 남성이 구매한다.[2] BTS나 세븐틴을 비롯한 한국의 남성 아이돌 그룹이 전 세계적으로 큰 인기를 끌면서, 젊은 여성들의 이상적 남성상이 기존의 '마초적 남성상'에서 K아이돌 같은 '꽃미남형 남성상' 혹은 '관리하는 남성상'으로 변화하는 것과 무관하지 않다. 이러한 변화는 그동안 피부 관리와 화장에 무심하던 전 세계 남성들 책상 위에 K뷰티 제품이 올라가게 만들 것이다. 어마어마한 규모의 시장이 기다리고 있다.

극복해야 할 과제들

앞서 언급한 것처럼, K뷰티가 더욱 성장하기 위해서 반드시 해결해야 할 당면 과제가 존재한다. K뷰티가 한 단계 더 성숙한 산업으로 도약하는 데 어떤 우려들이 제기되고 있는지 짚어보자.

첫 번째는 K뷰티 제품들이 지나치게 단발적이라는 점이다. 특정 성분이 인기를 얻기 시작하면, 여러 브랜드들이 이를 빠르게 따라 하며 유사한 제품을 쏟아낸다. 화장품 책임판매업자로 등록된 업체 수가 3만 개를 넘는 과잉 경쟁 상황 속에서, 브랜드 간 콘셉트가 차별화되지 않는 경우도 많다. 유행 주기가 짧아지면 소비자들은 지속적인 제품 교체에 피로감을 느낀다. 순간적인 화제성에 기대다 보면, 각 브랜드만의 독자적인 가치와 생명력이 희미해질 우려도 있다.

제품의 생명력이 짧다는 것 자체도 K뷰티의 한계로 지적된다. 예를 들어, 에스티로더의 '갈색병'(어드밴스드 나이트 리페어 세럼)처럼 하나의 카테고리에서 수년간 상위권을 유지하는 제품은 K뷰티에서는 드물다. 10년 전과 비교하면, 베스트셀러 상위 10위권 제품 중 동일하게 남아 있는 제품이 하나도 없을 정도다. 그만큼 시장이 빨리 변화하고 경쟁이 치열한 탓도 있지만, 앞서 언급한 대로 브랜드들이 단기적인 성과에만 집중하는 전략과도 깊은 관련이 있다. 실제로 종종 K뷰티 소비자들은 마음에 드는 상품을 발견했는데 곧 단종되거나 리포뮬레이션(성분 변경)되면서 아쉬움을 느낀다. 특히 '정착'할 제품을 찾아 헤매는 '뷰티 노마드'들에게는 그 아쉬움은 더욱 크다. 브랜드의 핵심은 일관성과 지속성이다. 단기적인 유행만 좇다 보면, 소비자와의 신뢰나 제품의 정체성 등 지켜야 할 것을 놓치기 쉽다.

마케팅 경쟁의 과열 역시 장기적인 관점에서 우려되는 부분이다. 예를 들어, 시딩 프로그램을 진행하는 브랜드가 많아지면서 인플루언서에게 지급하는 수수료가 경쟁적으로 상승하고 있으며, 대형 할인 행사나 오프라인 팝업 스토어 운영을 위한 마케팅 비용도 급격히 증가하고 있다. 이들 전략은 단기적으로 매출을 키워 기업 가치를 높일 수 있지만 장기적으로 국내 브랜드 간 경쟁이 지나치게 과열될 경우 결국에는 승자 없는 치킨게임이 될 수 있다. 특히 작은 규모의 브랜드일수록 단기적 마케팅에 과도하게 자금을 투입하면, 장기적인 연구개발 투자에 필요한 여력이 부족해질 수 있다. 이는 브랜드의 지속가능성을 위협하는 구조적인 문제로 이어질 수 있다.

최근 세계 곳곳에서 대두되는 '가품' 문제 역시 K뷰티 브랜드의 가치를 위협하고 있다. 겉포장에 한국어를 표기해 마치 K뷰티 제품인 것처럼 보이게 하거나, 유명 한국 브랜드의 패키지 디자인을 모방해 내용물만 다른 제품을 넣어

저가에 판매하는 식이다. 지적재산권 보호 플랫폼 마크비전 Marcovision이 2024년 전 세계 118개국의 화장품 판매 플랫폼을 조사한 결과, K뷰티 위조 의심 제품이 111만 개 이상 발견됐다. 이는 2022년 대비 5배 이상 증가한 수치다.[3] 그만큼 K뷰티의 인기가 높다는 점을 방증하는 것이지만, 동시에 심각한 위험을 내포하고 있다. 가품으로 K뷰티를 경험하는 소비자들이 늘어날수록 정품 브랜드에 대한 신뢰는 물론, 더 나아가 '한국산' 전체에 대한 이미지까지 손상될 수 있기 때문이다. 일부 브랜드는 가품에 대해 법적 대응을 시도하고, 소비자들에게 주의를 당부하는 공지사항을 게시하는 등 조치에 나서고 있지만 브랜드 사체의 노력만으로는 해결하기 어려운 부분이다.

다행인 것은 소비자들이 직접 검증에 나서고 있다는 점이다. SNS에서는 'Fake vs. Real'이라는 제목으로 소비자들이 직접 K뷰티 정품과 가품을 비교하고 어떻게 가품을 구분해낼 수 있는지 설명하는 영상이 공유되고 있다. 나아가 "아마존은 이런 가품을 내려야 해요" 같은 메시지를 통해 유통 플랫폼의 역할을 촉구하기도 한다. 그만큼 소비자들은 저렴한 가격에 현혹되지 않고 K뷰티의 브랜드 가치를 신뢰하고 있다는 뜻이다.

마지막으로 현지화라는 과제도 해결해야 한다. 지금까지 K뷰티는 주로 기초 화장품을 중심으로 성장해왔다. 최근 색조 화장품의 수출도 급성장하고 있지만 여전히 기초 화장품 대비 시장 점유율이 낮은 수준이다. 이는 색조 화장품의 품질이 기초 화장품보다 떨어지기 때문이 아니라, 각국의 다양한 피부색을 세밀하게 반영하기 어렵기 때문이다. 한국 소비자에게 맞춤화된 색조 제품으로는 다양한 인종과 피부톤을 가진 글로벌 소비자들이 메이크업하기에 적절하지 않은 것이다. 따라서 K뷰티의 확장을 위해서는 본격적인 현지화가 반드시 필요하다.

현지화란 기업이 해외 시장에 진출할 때 각 시장의 특성과 소비자에 맞게 전략과 제품을 조정하는 전략이다. 크게 두 단계로 나눠 살펴볼 수 있는데, 첫 번째 단계는 전략의 현지화다. 현지 시장의 유통 채널을 파악하고 그에 맞는 마케팅과 판매 전략을 수립하는 것을 의미한다. 예를 들어 유럽이나 미국 시장에서는 '과학적으로 입증된 효과'를 강조하는 것이 효과적인 만큼, 상품명에 주요 성분을 그대로 포함해 검색 최적화를 꾀하는 전략이 유효하다. 또한, 상품 설명 이미지에 다양한 인종의 모델을 등장시키는 등 한국과는 다른 문화적 맥락을 고려하는 것도 현지화의 좋은 사례라 할 수 있다. 특히 오프라인 유통 채널에 뿌리내리려면, 국가별 상황이 매우 다르기 때문에 더욱 정교한 전략적 접근이 필요하다.

두 번째 단계는 제품의 현지화다. 지금까지는 한국 시

장을 기준으로 개발한 제품을 각국 규제에 맞게 성분을 약간 조정한 뒤 수출하는 방식이 일반적이었다. 하지만 이제는 각국 현지 소비자의 요구에 맞게 시장별로 제품을 개발하고, 판매 전략을 짜는 것이 중요하다. K푸드의 성공 사례가 이를 잘 보여준다. 오리온의 '초코파이'는 러시아에서 차와 케이크를 함께 먹는 문화와, 과일이 부족한 긴 겨울 동안 전통식 잼(바레니에)을 즐기는 소비 습관에 착안해, 다양한 잼이 들어간 초코파이를 개발해 국민 간식으로 자리매김했다. CJ제일제당의 '비비고'는 중국식 만두가 널리 알려진 미국 시장에서 한국식 만두를 차별화된 프리미엄 제품으로 포지셔닝하기 위해 얇은 만두피와 풍부한 속재료를 앞세워 건강식 이미지를 강조하며 현지화에 성공했다. 이 흐름을 따라 K뷰티에서도 성공 사례가 늘고 있다. 티르티르TIRTIR는 흑인 소비자 전용 파운데이션으로 주목받았으며, 40가지 색상의 파운데이션으로 한국인에게는 없는 피부 톤까지 세밀하게 대응해 제품을 다양화해서 호평을 받았다.

K뷰티로부터 무엇을 배울 것인가

K뷰티는 단지 브랜드나 제품만의 이야기는 아니다. 세심한 소비자 대응력, 빠른 문제 해결력, 혁신적인 기술력 등 한국

기업 전반에 내재된 역량, 즉 'K의 DNA'다. 우리가 주목해야 할 것은 이러한 K뷰티의 DNA 자체를 배우는 일이다.

이제 논의를 마무리하기에 앞서, 지금까지 살펴본 K뷰티의 여섯 가지 경쟁력 이면에 존재하는 근본적인 논점 하나를 짚고자 한다. 바로 마케팅의 핵심이 제품인가, 브랜드인가라는 질문이다. 이것은 단지 우선순위의 문제가 아니라, 현대 비즈니스의 본질적 변화와 관련이 있다.

제품이냐 브랜드냐

K뷰티의 성공 과정에서 눈여겨봐야 할 매우 중요한 이슈가 있다. 개별 상품을 띄울 것인가, 브랜드를 키울 것인가 하는 문제다. 그동안 마케팅의 중심은 브랜드 파워를 강화하는 데 집중됐다. 하지만 K뷰티의 성공을 이끈 인디 브랜드들은 오히려 그 반대의 길을 걸었다. 브랜드 자체에 대한 강조 없이 하나의 개별 상품, 이른바 '주력 제품'의 성공에 명운을 걸었던 것이다. 라운드랩ROUND LAB 하면 '독도 토너', 아누아Anua 하면 '어성초 토너', 토리든TORRIDEN 하면 '다이브인 세럼', 클리오CLIO 하면 '킬커버 쿠션', 셀퓨전씨Cell Fusion C 하면 '레이저 선스크린' 등 각 브랜드의 체급을 키워준 특정 제품이 존재한다. 물론 하나의 브랜드에 히어로 제품이 한 개뿐인 것은 아니다. 시간이 지나며 대표 제품의 교체가 일어나기도 한다. 그럼에도 불구하고 K뷰티의 성공 방정식에서 브

랜드보다 제품이 중심에 있다는 점은 분명하다.

이것은 매우 중요한 변화다. 상품력에서 언급한 바와 같이 요즘 소비자들은 '브랜드'가 아닌 '제품'을 선택한다. 브랜드란 특정 판매자 혹은 기업의 제품 및 서비스를 식별할 수 있도록 돕는 표식 또는 상징이다. 과거에는 소비자가 충분한 정보를 얻기 어려웠기 때문에, 브랜드가 품질과 기능을 가늠하는 대리지표이자 선택의 기준 역할을 했다. 개별 제품에 대한 정보를 낱낱이 확인하기 어려운 상황에서, 브랜드는 곧 품질에 대한 보증이기도 했던 것이다. 하지만 소비 환경이 변했다. 제품별 비교 구매가 매우 쉬워지면서, 소비자들은 더 이상 기존에 신뢰를 쌓은 브랜드에만 갇힐 필요가 없어졌다. 이제 소비자는 브랜드보다 개별 상품에 대한 댓글·후기·인플루언서의 평가 등 실질적인 정보를 중심으로 구매를 결정한다. 그렇다면 답은 분명하다. 오늘날의 시장 환경에서는 브랜드가 아닌 제품에 집중해야 한다.

현대 화장품사史는 브랜드에서 상품으로 선택 단위가 넘어가는 역사다. 과거 백화점 1층에는 으레 브랜드별로 구역이 나뉘어 있었고, 거리에는 브랜드숍이 즐비했다. 디지털 경제가 성숙하기 이전의 소비자들은 이처럼 브랜드 단위로 구성된 공간에 들어가서 스킨부터 크림까지 전 제품을 같은 브랜드로 구매하곤 했다. 하지만 이제 소비자들은 올리브영처럼 여러 상품이 카테고리별로 혹은 고객 니즈별로 전시된 H&B스토어를 더 즐겨 방문한다. 이런 편집형 공간에서는 브랜드보다 개별 상품의 경쟁력이 더 중요해질 수밖에 없다.

온라인 유통 플랫폼에서는 이러한 경향이 더욱 뚜렷하게 나타난다. 온라인과 모바일 환경에서는 소비자가 브랜드 이름이 아니라 바로 제품을 검색해 찾아 들어가는 방식이 일반적이다. 온라인 플랫폼의 성장은 브랜드보다 제품 중심으로 선택하는 경향을 더욱 강화시켰다. 각종 소셜 미디어에서 활약하는 뷰티 크리에이터들의 영향력이 더해지면서, 이러한 흐름은 가속화되고 있다. 예를 들어, 선크림 하나를 고를 때에도 수십 종의 선크림을 비교 분석한 콘텐츠를 쉽게 찾아볼 수 있다. 처음 들어보는 브랜드라 하더라도 신뢰도 높은 크리에이터가 추천하거나 '올리브영 1위'라는 수식어가 붙는다면 충분히 구매 고려 대상에 포함될 수 있다. 대중 매체에서 제품이 등장하지 않는 브랜드 이미지 광고를 쉽게 볼 수 있었던 때를 생각하면, 이는 실로 상전벽해라 할 수 있다. 이제 브랜드가 소비자의 구매 의사결정에 미치는 영향력은 현저히 줄어들고 있다.

그렇다면 브랜드의 미래는 어떻게 될까? 아예 필요 없어질까? 반드시 그렇지는 않다. 결론부터 말하자면 단기적으로는 혹은 신생 기업에게는 상품 인지도를 높이는 것이 중요하지만, 시간이 지나고 기업이 성장할수록 장기적으로는 브랜드 파워가 다시 중요해진다. 앞서 K뷰티가 해결해야 할 첫 과제로 '단발성' 문제를 언급한 바 있다. 이를 뒤집어 말하면, 중장기적인 브랜드 파워를 키워야 한다는 뜻이기도 하다. 달리 표현하면, 제품력은 다달이 생활비를 충당해주는 '소득'의 역할을, 브랜드력은 삶의 수준을 안정적으로 유지해주는 '자산'에 해당한다.

단기적인 생존 경쟁에서 살아남기 위해서는 제품력이 필수지만 제품만을 강조하다 보면, 시간이 지나 소비자의 기억 속에는 '달팽이', '자작나무' 같은 제품명이나 키워드만 남고 그동안 공들여 쌓아온 브랜드 자산은 쉽게 휘발돼 버릴 수 있다. 오래, 멀리 가기 위해서는 인지도·신뢰·이미지 등 브랜드 자산을 쌓아야 한다. 누구나 신뢰가 있는 사람에게 귀를 기울이듯, 브랜드가 신뢰를 얻고 나면 소비자들은 다른 제품에도 비교적 쉽게 마음을 열고, 더 높은 가격을 기꺼이 지불할 가능성도 높다.

핵심은 제품과 브랜드를 이야기하는 문법이 바뀌었다는 사실이다. 과거에는 소비자에게 브랜드로 먼저 설득한 후 제품을 선택하게 했다면, 지금은 제품이 선택받은 후 브랜드가 인식된다. 전후가 바뀐 것이다. 단기적 성과에 집중할수록, 마케팅 자원이 한정돼 있을수록, 가격과 품질 등 기능적 가치 경쟁이 치열할수록, 제품력에 집중해야 한다. 하지만 장기적인 지속 가능성을 고려한다면, 브랜드 자산 또한 간과해서는 안 된다. 요약하면 지금 우리에게 필요한 것은 제품과 브랜드를 구분해 시기별로 접근하는 '순차적 이원화 전략'이다.

K뷰티에서 K를 떼어낼 수 있을까

에르메스, 프라다, 페라리, 롤렉스… 전 세계적으로 손꼽히는 럭셔리 브랜드다. 이런 브랜드가 프랑스산, 이탈리아산, 스위스산이기 때문에 선망의 대상이 되는 것은 아니다. 에르메스이기 때문에 갖고 싶은 것이다. 화장품도 마찬가지다. 로레알 제품을 구매할 때 그것이 프랑스 브랜드이기 때문이라고 생각하는 소비자는 드물고, 에스티로더 제품을 사면서 미국 브랜드라는 사실을 떠올리는 경우도 드물다. 일본의 시세이도나 SK-II 역시 굳이 'J뷰티'라는 카테고리에 갇혀 있지 않다. 진정한 글로벌 브랜드들은 출신 국가와 무관하게 자신만의 브랜드 파워로 승부한다.

    국가의 후광 효과는 분명 긍정적인 요소다. K뷰티는 최근 'K'라는 원산지 효과를 한껏 누리고 있다. 해외 유통 채널에서 'K뷰티 존'을 별도로 구성하여 마케팅을 전개할 만큼 한국산 제품에 대한 관심과 신뢰가 높아졌다. 오래전 'Made In Korea'가 값싼 이미지에서 벗어나지 못해, 몇몇 브랜드들이 한국산임을 감추려 했던 시절을 떠올리면 이는 매우 큰 변화다. 국가 원산지 효과는 제품 전반에 대한 신뢰도를 높인다. "스위스 시계라면 품질이 뛰어날 것이다"라는 인식처럼, 출신 국가가 곧 품질 보증의 역할을 하는 것이다. 하지만 한계도 있다. 오직 한류나 한국이라는 후광에만 의존한다면, 사드 같은 돌발 사태에 취약할뿐더러 글로벌 브랜드로의 도약 역시 요원해진다.

그래서 역설적이지만, K뷰티의 미래는 'K'를 떼는 데서 출발한다. K뷰티가 'K'로부터 독립한다는 것은 두 가지 의미를 지닌다. 첫째는 앞서 언급했듯, 현지 소비자들에게 자연스럽게 받아들여지며 '한국산'이라는 인식을 불러일으키지 않게 되는 것, 즉 완전한 현지화를 이루는 것이다. 두 번째는 앞서 글로벌 브랜드의 사례에서 살펴본 것처럼, 개별 브랜드의 브랜드 파워가 충분히 커져 'K'라는 수식어가 더 이상 필요 없어지는 단계에 이르는 것이다. 그렇게 되면 앞서 강조한 제품력과 브랜드력의 조화가 자연스럽게 이뤄지면서, 당당하고 지속가능한 글로벌 브랜드로 자리 잡을 수 있을 것이다. 이는 비단 뷰티 산업에만 국한된 이야기가 아니다. 'K'라는 접두사를 달고 세계 시장을 두드리는 한국의 모든 산업이 마음에 담아야 할 과제다.

관건은 트렌드 대응력이다

K뷰티가 우리에게 가르쳐준 중요한 교훈은 급변하는 현대 비즈니스 환경에서 살아남기 위해 6개의 힘을 갖춰야 한다

는 점이다. 신수요를 만들어내는 기획력, 이 모든 것을 빠르게 해결할 수 있는 속도력, 실행과 학습이 공존하는 주도력, 온라인 플랫폼과 알고리즘의 특성에 맞춰낼 수 있는 대응력, 안정되고 다각화된 제조를 가능하게 하는 상품력, 똑똑하고 깐깐하면서도 변덕스러운 덕후 소비자들의 요구를 따라갈 수 있는 덕후력이 그것이다.

이 여섯 가지 역량을 다시 한 마디로 요약한다면 어떻게 표현할 수 있을까? 결국 트렌드다. 3개월이면 새 제품이 나오고, 3분 이내에 구매 여부가 결정되며, 3시간이면 제품 수령부터 언박싱 콘텐츠까지, 전문가보다 더 잘 아는 소비자가 있는 시대, 우리는 이를 트렌드의 시대라고 부른다. 유연한 '트렌드 대응력'으로 정체하고 있는 대한민국 경제에 새로운 티핑포인트를 만들어야 할 때다. 한국 화장품 생태계로부터 배울 것이 많다. K뷰티가 선생이다.

주

프롤로그

1. 국내 첫 헬스&뷰티 스토어 올리브영… 25년 성장 비결은 / 뉴시스, 2024.12.29.
2. [김종면의 K브랜드 집중탐구] 〈18〉미샤(MISSHA), 천만 고객의 니즈에서 천만 개의 아름다움을 이끌어내다 / 전자신문, 2024.08.20.
3. 안정림.(2001). 화장품법 제정에 따른 변화 및 향후 전망. 보건산업기술동향, 6(6), 169-173.
4. [케이스스터디] 3번의 위기 있었다… '올영 혁신' 25년史 / 매일경제, 2024.11.15.
5. 드라마 '대장금' 두바이에서 방영 / 한겨레, 2007.10.17.
6. 대장금 총 수출액 50억 원 돌파 / KOFICE NEWS, 2005.11.23.
7. 글로벌 시장 호령하는 'No.1 코리아' / 서울경제, 2011.01.18.
8. 작년 화장품 수출액 100억 달러 돌파… 사상 최대 실적 / 연합뉴스, 2025.01.06.
9. '전성분 표시제'란 화장품법 제10조와 화장품법 시행규칙 제21조에 의한 것으로, 화장품 제조에 사용된 모든 성분을 한글로, 5포인트 이상 크기로, 함량순으로 표시해야 하는 규정이다.
10. PSY's 'Gangnam Style' Video Hits 1 Billion Views, Unprecedented Milestone / bollboard, 2012.12.21.
11. '별그대' 아이치이 25억뷰 돌파… 中전체 37억뷰 넘어 / 연합뉴스, 2014.05.14.

12 천송이 립스틱, 中에서 얼마나 팔렸는지 봤더니… / 뷰티한국, 2014.07.16.

13 백다미, &주원. (2014). 지속가능 성장을 위한 VIP 리포트: 중국인 관광객 사백만에서 일천만 시대로-요우커(遊客)의 특징과 경제적 효과. 현대경제연구원, 555, 1-21.

14 국내 화장품 기업 중국 진출 현황 : 국내 50개 업체 100개 브랜드 중국 시장 직접 진출 / 코스인코리아닷컴, 2014.11.24.

15 한국, 中 수입화장품시장서 日·美 제치고 2위로 / 연합뉴스, 2015.05.18.

16 아모레·LG생건, 중국 회복 혼신 / 딜사이트, 2024.01.05.

17 정새라 대표 "K뷰티 파워 키우려면 흑인·히스패닉 껴안아야" / 한국경제, 2015.01.20.

18 "아세안의 중심 태국에서 K-뷰티를 외치다" / 코스모닝, 2019.07.11.

19 최동욱.(2024). 2012년 화장품법 개정의 제품혁신 효과. 산업진흥연구, 9(1), 81-87.

20 CJ올리브영, 연매출 '100억 클럽' 브랜드 사상 첫 100개 탄생 / CJ올리브영 보도자료, 2025.01.08.

21 코로나 환경에도 20년 한국 화장품 수출 역대 최고 기록 경신해 / TR&DF, 2021.04.25.

22 2024년 국내 화장품 수출액 102억 달러 '사상 최대 실적' / KBS뉴스, 2025.01.06.

23 Olive Young Sets Standard for K-Beauty Tourism / CJ newsroom, 2025.03.31.

24 외국인 관광객, 백화점 본점보다 올리브영 더 많이 갔다 / 조선일보, 2025.05.28.

1. 기획력

1 2019년 풋웨어 뉴스 인터뷰 중, https://brunch.co.kr/@pandory7/32

2 네이버 지식백과

3 추억의 달팽이 에센스… 美서 대박 낸 회사는? / 매경이코노미, 2023.09.21.

4 코스알엑스, 챗GPT 기반 글로벌 소비자 리뷰 분석 플랫폼 만든다 / 이코노믹리뷰, 2023.04.12.

5 과학으로 완성된 더마 화장품 '코스알엑스', 140개국 외국인이 더 찾는다 / 이투데이, 2025.05.21.

6 "You're with Us, 'Fansumer' 팬슈머" 중에서 / 김난도 외 10명, 『트렌드 코리아

2020』, 미래의창.

7. "원하는 립틴트, 만들어 팔아보세요" 진화하는 K뷰티 매장 / 매일경제, 2024.04.25.
8. 3개월 내내 고객 생각만… '아마존 뷰티 1위' 아누아의 집착 / 머니S, 2025.02.24.
9. 제프 베조스, 발명과 방황 & 순서 파괴 | 아마존 혁신 비결, 발명·방황·순서 파괴 / 매경이코노미, 2021.03.19.
10. "우리도 다이소처럼" 가격 확 낮췄다… 대형마트 '파격 변신' / 한국경제, 2025.01.06.
11. 일본 편의점에만 파는 K-화장품이 있다? / KOTRA 해외시장뉴스, 2024.05.07.
12. 순한 화장품 입소문에… 더파운더즈 '아누아', 1년 새 영업익 3배 '쑥' / 이투데이, 2025.05.29.
13. 낯선 한방원료+익숙한 화장품… 세계 홀린 K뷰티 '조선미녀' / 동아일보, 2024.07.10.
14. 고객 니즈보다 더 빠르게 업계 첫 '빠른 배송' 통했다 / 동아비즈니스리뷰 389호, 2024.03.
15. 美 하버드 경영대학원이 주목한 CJ올리브영의 성공 방식 / CJ뉴스룸, 2025.02.19.
16. Karp, Rebecca, and Shu Lin. "Olive Young: Formulating Beauty Innovation." Harvard Business School Case 725-392, January 2025.
17. 중국 女心 사로잡은 한국 마스크팩 / 매일경제, 2015.12.25.
18. 쿨톤 틴트 대박나자 연매출 800억, 롬앤이 입증한 덕후의 힘 / 중앙일보, 2023.09.17.
19. 뷰티업계, '클린뷰티' 중심 포트폴리오 재편… "스테디 트렌드로 국내외서 인기" / 디지털투데이, 2025.05.27.
20. CJ올리브영, 신규 뷰티 카테고리 육성으로 中企 '동반성장' / 이데일리, 2025.04.30.
21. '더마코스메틱' 성장 질주… 제약사, 브랜드·신제품 앞세워 소비자 공략 / 컨슈머타임즈, 2025.05.16.
22. 뷰티 트렌드로 급부상한 PDRN 코드 / 마리끌레르 코리아, 2025.05.15.
23. 세포라, 북미 전 매장 대대적 개편 전략 발표 / 약업신문, 2025.02.05.
24. 혁신하는 자라·H&M… 韓은 우물 안 개구리 / 매일경제, 2025.05.09.

2. 속도력

1. 잠들지 않는 동대문 / 조선비즈, 2014.01.08.
2. 에이피알 메디큐브, 美 LA 팝업스토어에 5,000명 몰려 / 중앙이코노미뉴스, 2025.04.17.
3. 올리브영 스마트 전자라벨 도입에 감춰진 세 가지 비밀 / NEWNEEK, 2025.02.19.
4. Olive Young: Formulating Beauty Innovation – Case / Harvard Business School, 2024.12.05.
5. https://www.tiktok.com/@chxrry.glowy/video/7467910236712586497
6. 북미 K뷰티 틱톡 트렌드리포트 – 메디큐브편 / 오픈애즈, 2025.05.29.
7. 위와 같음.
8. 아르고, 미국 틱톡샵 최적화된 풀필먼트 서비스 공개 / KLN물류신문, 2024.12.26.
9. 유안타증권 보고서 2025 K-BEAUTY / 2024.10.30.
10. "K라서 사는 게 아니다"… 일본 내 K뷰티 열풍 비결은 '속도감・트렌디' / 이투데이, 2025.03.16.
11. [현장] 구자현 큐텐재팬 대표 "K뷰티, 연평균 64% 성장… 독보적 경쟁력 갖춰" / 디지털데일리, 2025.03.14.
12. 한국콜마 "화장품 신제품 나오는 시간 6개월 앞당긴다" / 한국일보, 2024.11.07.
13. "품질·디자인·가격까지 만족"… K뷰티 이끄는 인디 브랜드 / 중앙일보, 2025.04.30.
14. 티르티르 3,000억어치 '불티' 일본 미국서 인기 폭발 / 한국경제, 2024.07.22.
15. 아모레퍼시픽, 이름 빼고 다 바꾼 34살 마몽드 Z세대 '화잘먹' 대표 브랜드로 / 매일경제, 2025.04.16.
16. LG생건, AI기반 화장품 효능성분 개발… "혁신제품 선보인다" / 연합뉴스, 2025.02.16.
17. 로레알 그룹 공식 홈페이지
18. Why Gen Z customers won't be tied down to one brand / McKinsey & Company, 2023.04.04.
19. [#유통365] 제니 픽 '농심'… 바나나킥 이은 메론킥 매직? / 시사저널, 2025.04.05.
20. 제니가 좋아하는 '바나나킥·메론킥'… 농심 스낵 수출 급증 / 매일경제, 2025.05.26.

| 21 | 블랙핑크 제니가 일으킨 바나나킥 열풍… 농심, 가슴에 불질렀다 / 스마트투데이, 2025.04.02. |
| 22 | 농심 메론킥, 먹태깡 넘어섰다… 첫 주 144만개 판매 / 비즈와치, 2025.04.30. |

3. 주도력

1	100억 적자 1년만에 흑자 반전… K뷰티 '크레이버 비결 들어보니 / 매경이코노미, 2023.04.30.
2	직원을 전문가로 키우니 K뷰티 신화 따라왔죠 / 매일경제, 2025.01.13.
3	CJ올리브영, 조직 문화 더 젊어진다… 선택근무제·자율 복장 제도 도입 / CJ뉴스룸, 2022.05.25.
4	위와 같음.
5	스물다섯에 창업… 8년 만에 6개 브랜드, 매출 2,600억 기업 CEO 된 이 남자 / 매일경제, 2022.04.27.
6	직원 위해 마사지사 6명 고용한 회사… MZ 몰리는 이유 있었네 / 머니투데이, 2023.06.12.
7	드럭스토어 알바생이 말한다 "손님, 본품으로 테스트하시면 안 됩니다" / 한경잡앤조이 2020.08.07.
8	"올리브영 메이트에서 점장까지, 나를 움직인 원동력" / CJ뉴스룸, 2024.11.07.
9	'아누아' 앞세운 더파운더즈, 작년 영업익 1457억… 300% 성장 / 디지털데일리, 2025.04.30.
10	더파운더즈 팀 소개 페이지 https://thefounders.careers/team

4. 대응력

1	"It is not the strongest of the species that survive, nor the most intelligent, but the one most responsive to change."
2	뷰티 브랜드의 역대급 캐릭터 콜라보 모음.zip / 엘르, 2025.04.29.
3	[인터뷰] 유튜브 쇼핑 콘텐츠, 1년에 350억 시간 시청… 트래비스 카츠 부사장 "韓 제휴 파트너 확대해 생태계 키우겠다" / 조선일보, 2025.04.24.
4	쿠팡·올영에 손내민 유튜브… 커머스 영역 허문다 / 서울경제, 2025.06.04.

5. Top Categories on TikTok Shop: Beauty Dominates with $1.8B in U.S. GMV / Charm Analytics, 2025.06.04.
6. 글로벌 트렌드가 시작되는 숏폼의 메카 '틱톡'은 이제 이커머스를 노린다! / 마케팅레시피, 2025.01.27.
7. [K뷰티 메가 브랜드 '성공 방정식'] 한 개 제품에 초집중·SNS 입소문… / 매일경제, 2025.04.18.
8. 위와 같음.
9. K-뷰티 브랜드, 미국 시장 성공 사례로 알아보는 비결 / 심플시드, 2025.02.15.
10. Intero Digital Unveils Expert Insights on Amazon's A10 Algorithm Shift and How to Succeed on Amazon in 2025 / PR Newwire, 2025.05.11.
11. TikTok sparks 22% rise in beauty product sales over social media in 2024 / Euromonitor International, 2025.05.12.
12. K-Beauty Influencer Marketing: KOLs, Diverse Partnerships, and Emerging Brands / The influencer marketing factory, 2025.06.04.
13. "틱톡커 2명 중 1명 K뷰티 구매" / 매일경제, 2025.05.27.
14. TikTok's Influence On K-Beauty: Product Formats And Brands Leading The Comeback / Kline Group, 2024.10.09.
15. '공중부양 춤'으로 전 세계 2억뷰 찍은 남학생… "대구 사는 중3이었다" / 서울경제, 2023.10.25.
16. 코스알엑스는 어떻게 아마존을 정복했나 / 화장품신문, 2024.02.23.
17. W컨셉, 미국 진출… K패션 대표 플랫폼으로 도약 / 패션비즈, 2023.04.07.
18. 인플루언서 '제품 시딩'의 효과를 최대화한 작은 브랜드 BEST 10 / 스몰레터, 2025.01.24.
19. [총정리] 2024 인플루언서 마케팅 트렌드 정산부터 2025 전망까지 알아봐요 / 오픈애즈, 2025.01.06.
20. K-Beauty Influencer Marketing: KOLs, Diverse Partnerships, and Emerging Brands / The influencer marketing factory, 2025.06.04.
21. 지금 K뷰티는 / allure, 2024.10.19.
22. 숏폼 마케팅은 이커머스의 무기가 될 수 있을까? / 카페24, 2024.06.13.
23. 틱톡에서 대박난 제품의 평행이론 / BAZAAR, 2025.05.03.
24. 위와 같음.
25. 짧아야 산다, 숏핑(Shorpping) 시대 / 월간 CEO&, 2025.02.28.

5. 상품력

1. 2023년 화장품 생산 실적으로 본 산업 현황 리포트 / 코스모닝, 2024.10.03.
2. 인디 브랜드 질주… 코스맥스·한국콜마 '2조 클럽' 합류 / IB토마토, 2025.03.25.
3. AI 활용해 제품 개발 기간 단축… 혁신 소재 연구도 / 동아일보, 2025.04.01.
4. [진단] 한국콜마 '저속노화' 시장 국위선양?… 엑소좀 뭐길래 / 이코노미톡뉴스, 2025.05.27.
5. "키트 하나로 피부 유해균 손쉽게 파악"… 이 회사, 맞춤형 '꿈의 화장품' 시대 연다 / 매일경제, 2025.02.26.
6. 조선미녀? 생소한데 美서 대박… 매출 2,000억 노리는 K뷰티 등극 / 매일경제, 2024.05.21.
7. 올리브영서만 1,000억 매출 클리오·라운드랩 잘나가네 / 매일경제, 2024.02.06.
8. 뷰티 트렌드 리포트 2025 / 오픈서베이, 2025.01.

6. 덕후력

1. 올리브영: 뷰티 혁신을 창출하다(Olive Young: Formulating Beauty Innovation) / Havard Business School, 2024.12.05.
2. [더 하이엔드] K뷰티 핵심 성장 축은 '남성'…리뉴얼·신제품으로 맞선다 / 중앙일보, 2024.01.26.
3. 뷰티 트렌드 리포트 2025 / 오픈서베이, 2025.01.
4. 이제는 심플한 뷰티! 스키니멀리즘 실천하기 / 우먼센스, 2024.02.25.
5. CJ올리브영, 새로운 헤어&바디케어 루틴 '스키니피케이션' 키운다 / CJ올리브영, 2024.07.02.
6. Z세대 분석, 한국은 '갓생'·미국은 '댓걸'… 루틴 있는 삶 지향 / 데일리팝, 2023.07.11.
7. 급상승 데이터에 숨은 분야별 MZ세대 트렌드 / 캐릿, 2022.11.01.
8. MZ라이프 인스타그램 @mz_.life1
9. 틱톡을 지배한 3가지 뷰티 트렌드 / VOGUE, 2025.01.12.
10. '몸: 포트폴리오로 완성하는 나만의 추구미' 중에서 / 김난도 외 5명, 『스물하나, 서른아홉: 요즘 여성들이 쓰는 뉴노멀』
11. 'All About the Toppings 토핑경제' 중에서 / 김난도 외 10명, 『트렌드 코리아

	2025』
12	2025년, '화꾸' 트렌드는 이어질까? / 더블유더블유디코리아, 2025.03.07.
13	What Is Depotting Makeup? / Misfit Beauty, 2023.05.30.
14	[히트상품톺아보기] ⑱어떤 인종에도 '착붙'… 티르티르 '마스크 핏 레드 쿠션' / 약업신문, 2025.03.10.
15	헤라, 맞춤형 화장품 서비스 '센슈얼 립 커스텀 매치' 론칭 / 아모레퍼시픽그룹, 2024.12.06.
16	[현장에 가다] MZ세대 핫플 '올리브영N 성수', 드럭스토어에서 전시를?… 트렌디한 라이프 스타일 선보여 / 핸드메이커, 2025.03.07.
17	요즘 화장품 크기가 작아지는 이유는? / HARPERSBAZAAR, 2025.01.26.
18	"아껴야 산다"… 패션도 화장품도 '멀티유즈'가 대세 / 미디어펜, 2024.10.19.
19	틱톡을 지배한 3가지 뷰티 트렌드 / VOGUE, 2025.01.12.
20	How To Master The Viral Lip Liner Hack / BRITISH VOGUE, 2024.10.15.
21	화해 2025 뷰티 트렌드 리포트: 성분 인사이트 편 / 화해, 2025.05.
22	[트렌디어×코스인] 30대~40대된 'Z세대, 밀레니얼 세대' 슬로우에이징 관심 고조 / 코스인코리아닷컴, 2025.03.13.
23	더마뷰티 고효능의 시대 / 우먼센스, 2024.11.14.
24	키위서베이 트렌드 리포트 VOL 70「뷰티 디바이스 설문조사」/ 키위서베이, 2023.10.
25	몸에 지방 쌓이는 것 막는다… 하루 한두 잔 마시면 좋은 '이 음료' / 헬스조선, 2024.08.23.
26	'K녹차' 오설록, 美 럭셔리 마켓 '에레혼' 뚫었다 / 남다른디테일, 2025.03.06.
27	바르는 시대는 끝났다… '먹는 화장품' 이너 뷰티 전성시대 / 뉴시안, 2025.04.26.
28	이너 뷰티 어디까지 먹어봤니? / 싱글즈, 2021.12.29.
29	'Need for Climate Sensitivity 기후감수성' 중에서 / 김난도 외 10명, 『트렌드 코리아 2025』.
30	2023 화장품 업종 분석 리포트 / 메조미디어, 2023.04.03.
31	선케어도 친환경이 대세… '리프세이프 선크림' 유행 / 뷰티누리, 2023.07.31.
32	GSC글로벌표준인증원, 웰코스와 산호초보호인증 선크림 처방기술 개발 / 중앙일보, 2024.06.18.
33	Listening To Social Media Cues Doesn't Mean Ceding Control / Forbes, 2012.08.04.

에필로그

1   대한민국 정책브리핑, 「2024년 화장품 수출 실적」, 2025.01.06.
2   수출 역대 최대 기록, 1,000조 원 달성 / 유튜브 채널 '슈카월드', 2025.01.11.
3   "콜라겐 아닌 '골라겐'을 얼굴에 바르라고?"…알리, K뷰티 '짝퉁' 대놓고 판매 / 매일경제, 2025.05.28.

공저자 소개

전미영

소비트렌드분석센터 연구위원. 서울대 소비자학 학사·석사·박사. 다수의 기업과 트렌드 기반 신제품개발 및 미래전략 기획 업무를 수행하며, 서울대에서 소비자조사방법과 신상품개발론 과목을 강의하고 있다. 삼성경제연구소 리서치애널리스트와 서울대 소비자학과 연구교수를 역임했으며, 한국소비자학회 최우수논문상을 수상했다. 2009년부터 〈트렌드코리아〉 시리즈 공저자로 참여하고 있으며, 『트렌드 차이나』, 〈대한민국 외식업 트렌드〉 시리즈, 『나를 돌파하는 힘』, 『스물하나, 서른아홉』 등을 공저했다. 하나은행 경영자문위원, 농협축산 행복자문위원, 서울시 디자인자문위원, 한강시민위원, 통계청·프로축구연맹 자문위원, 교보문고 북멘토 등을 맡고 있으며, SBS 라디오 〈생활정보〉에 고정 출연하며 《동아일보》에 '트렌드 NOW' 칼럼을 연재하고 있다.

최지혜

소비트렌드분석센터 연구위원. 서울대 소비자학 석사·박사. 소비자의 신제품 수용, 세대별 라이프스타일 분석, 제품과 사용자 간의 관계 및 처분행동 등의 주제를 연구하며, 서울대에서 소비트렌드분석 과목을 강의하고 있다. 워싱턴주립대학교Washington State University에서 공동연구자 자격으로 연수했으며, 『더현대 서울 인사이트』, 〈대한민국 외식업 트렌드〉 시리즈를 공저했다. 삼성·LG·아모레·SK·코웨이·CJ 등 다수의 기업과 소비자 트렌드 발굴 및 신제품 개발 프로젝트를 수행했으며, 현재 이마트 ESG위원회 위원장, 한국수력원자력 홍보자문협의체 자문위원, 사회공헌사업 심사위원을 맡고 있다. 《한국경제》에 '최지혜의 트렌드 인사이트', 《아시아경제》에 '최지혜의 트렌드와치'를 연재한다.

서유현

소비트렌드분석센터 연구위원. 서울대 소비자학과 강사 및 동대학원 박사, 한국과학기술원(KAIST) 문화기술대학원 공학석사, 센트럴 세인트 마틴(영국 런던예술대학교) 텍스타일 디자인 학사. AI시대의 소비자 혁신, K뷰티 글로벌 트렌드와 MZ세대 뷰티 소비, 글로벌 시각에서 본 한국 소비자의 특성 분석 등의 주제를 연구하며, 서울대에서 소비자 시장환경 분석론을 강의하고 있다. LG전자 H&A사업본부 CX담당과 AI 스타트업 옴니어스에서 각각 고객경험전략 수립과 패션데이터 분석 업무를 수행했다. 소비트렌드센터 책임연구원으로 삼성전자·퍼시스·에버랜드·빈폴스포츠·아모레퍼시픽 등 다양한 기업과 함께 소비트렌드 기반의 고객니즈 발굴 및 미래전략 프로젝트를 수행했다. 〈트렌드코리아〉 시리즈 (2018~2022)의 공저자이며, KBS1 라디오 〈생방송 주말 저녁입니다〉에 트렌드 패널로 출연 중이다.

권정윤

소비트렌드분석센터 연구위원. 서울대 소비자학 학사·석사·박사. 세대 간 소비성향 전이, 물질소비와 경험소비 등의 주제를 연구하며, 성균관대학교에서 소비자와 시장 과목을 강의한 바 있다. 〈대한민국 외식업 트렌드〉 시리즈, 《스물하나, 서른아홉》을 공저했으며, 《국방일보》에 트렌드 칼럼을 연재하고 있다. SBS 러브FM 〈목돈연구소〉의 '트렌드연구소' 고정 패널, 용산공원조성추진위원회 및 국가스마트도시위원회 민간위원으로 활동 중이다. 가전·유통·식품·금융 등 여러 산업군의 기업과 소비자 조사 및 소비트렌드 발굴 업무를 수행하고 있다.

한다혜

소비트렌드분석센터 연구위원. 서울대 심리학 학사, 서울대 소비자학 석사·박사. 소비자가 구매 시 느끼는 소비감정과 소비행태를 다양한 데이터와 실험설계를 통해 분석하며, 소비를 심리학적 관점으로 바라보는 데에 관심이 많다. 서울대학교 학문후속세대로 선발된 바 있고, 한국소비문화학회 우수논문상을 수상했으며, 〈대한민국 외식업 트렌드〉 시리즈를 공저했다. KBS1 〈사사건건〉, SBS 〈모닝와이드〉 등에 출연했으며, 현재는 KBS 1라디오 〈성공예감〉의 '트렌드팔로우'에 고정 출연하고 있다. 삼성·LG·SK·GS 등 다수의 기업과 소비트렌드 기반 신제품 개발 및 미래전략 발굴 업무를 수행하고 있다.

이혜원

소비트렌드분석센터 연구위원. 서울대 소비자학 학사·석사·박사. 대한출판문화협회·다산북스·리더스북·카카오페이지 등에 재직하며 얻은 인사이트를 바탕으로, 연령·시기·코호트 효과, 기술 발전으로 인한 행태 변화 및 문화자본에 관심을 두고 있다. 2020 kobaco 혁신 공모전에서 장려상을 수상했으며, 〈대한민국 외식업 트렌드〉 시리즈를 공저했다. 대구TBN 'Trend A to Z' 코너의 고정 패널이며, 《전시저널》에 트렌드 칼럼을 기고하고 있다. 고려대 국토계획 공기업 고급정책과정에서 '소비사회와 트렌드'를 강의했고, 다수의 기업에서 소비자 트렌드 프로젝트를 수행해오고 있으며, 국토교통부 정책홍보 자문위원으로 활동 중이다.

김나은

소비트렌드분석센터 책임연구원. 서울대학교 소비자학과 석사, 박사과정 재학. 현대 사회에서 새롭게 등장한 소비 현상과 이를 구성하는 소비자의 숨겨진 니즈, 영향 요인을 분석하는 데 관심이 많다. 최근 스몰 럭셔리에 관한 소비 동기와 이에 따른 소비자 유형화를 주제로 연구를 수행했다. 현재 삼성·SK·GS홈쇼핑·배달의민족·파리바게트·한국공항공사·한국토지주택공사 등 다수의 기업과 소비자 트렌드 발굴 및 전략 기획 업무를 수행하고 있다. 유튜브 채널 '트렌드코리아 TV'를 총괄·기획하고 있다.

K뷰티 트렌드
모든 산업이 배워야 할 혁신 DNA

초판 1쇄 발행 2025년 8월 27일

지은이 김난도 · 전미영 · 최지혜 · 서유현 · 권정윤 · 한다혜 · 이혜원 · 김나은
펴낸이 성의현
펴낸곳 미래의창

주간 김성옥
편집장 정보라
편집 이은규
디자인 공미향
홍보 & 마케팅 권장규 · 정명진 · 이건효

출판 신고 2019년 10월 28일 제2019-000291호
주소 서울시 마포구 잔다리로 62-1 미래의창빌딩(서교동 376-15, 5층)
전화 070-8693-1719 **팩스** 0507-0301-1585
홈페이지 www.miraebook.co.kr
ISBN 979-11-93638-78-1 03320

※ 책값은 뒤표지에 표기되어 있습니다.

생각이 글이 되고, 글이 책이 되는 놀라운 경험. 미래의창과 함께라면 가능합니다.
책을 통해 여러분의 생각과 아이디어를 더 많은 사람들과 공유하시기 바랍니다.
투고메일 togo@miraebook.co.kr (홈페이지와 블로그에서 양식을 다운로드하세요)
제휴 및 기타 문의 ask@miraebook.co.kr